D1147458

# LA
# TÉLÉDÉTECTION :
# PERSPECTIVE
# ANALYTIQUE

# LA TÉLÉDÉTECTION : PERSPECTIVE ANALYTIQUE

## Robert DESJARDINS
Université du Québec à Montréal

*avec la collaboration de*

## Jean-Marie DUBOIS
Université de Sherbrooke

## et Gilles LEMIEUX
Université du Québec à Chicoutimi

**La télédétection : perspective analytique**
ISBN 2 84371 079 0
© 2000, Éditions ESTEM

Toute représentation ou reproduction, intégrale ou partielle, faite sans le consentement de l'auteur, ou de ses ayants droit ou ayants cause, est illicite, aux termes de la loi du 11 mars 1957, alinéa 2 et 3 de l'article 41. Cette représentation ou reproduction par quelque procédé que ce soit, constituerait une contrefaçon sanctionnée par les articles 425 et suivants du Code Pénal.

ESTEM Éditions Scientifiques, Techniques et Médicales
7, rue Jacquemont, 75017 Paris
Tél. : (33) 01 53 06 94 94 – Fax (33) 01 53 06 95 00

La diffusion scientifique et technique est un facteur essentiel du développement. Aussi, dès 1988, l'Agence universitaire de la Francophonie (AUF), mandatée par les francophones pour produire et diffuser revues et livres scientifiques, a créé la collection "Universités francophones".

Lieu d'expression de la communauté scientifique de langue française, "Universités francophones" vise à instaurer une collaboration entre enseignants et chercheurs francophones, et largement diffusée dans les pays du Sud, grâce à une politique tarifaire préférentielle.

Quatre séries composent la collection :

– Les usuels : cette série didactique est le cœur de la collection. Elle s'adresse à un public étudiant et vise à constituer une bibliothèque de référence couvrant les principales disciplines enseignées à l'université.

– Actualité scientifique : dans cette série sont publiés les actes de colloques organisés par les réseaux thématiques de recherche de l'UREF.

– Prospectives francophones : s'inscrivent dans cette série des ouvrages de réflexion donnant l'éclairage de la Francophonie sur les grandes questions contemporaines.

– Savoir plus Université : cette nouvelle série, dans laquelle s'inscrit le présent ouvrage, se compose de livres de synthèse qui font un point précis sur des sujets scientifiques d'actualité.

Notre collection, en proposant une approche plurielle et singulière de la science, adaptée aux réalités multiples de la Francophonie, contribue efficacement à promouvoir l'enseignement supérieur et la recherche dans l'espace francophone et le plurilinguisme dans la recherche internationale.

Professeur MICHEL GUILLOU
Directeur général de l'AUF
Recteur de l'UREF

"*L'homme ne peut observer les phénomènes qui l'entourent que dans des limites très restreintes ; le plus grand nombre échappe naturellement à ses sens, et l'observation simple ne lui suffit pas. Pour étendre ses connaissances, il a dû amplifier, à l'aide d'appareils spéciaux, la puissance de ses organes, en même temps qu'il s'est armé d'instruments divers qui lui ont servi à pénétrer à l'intérieur des corps pour les décomposer et en étudier les parties cachées.*"

Claude BERNARD, 1865.

*À Céline, Véronique et Alexandre.*

# Remerciements

Ce genre d'ouvrage ne peut être réalisé sans l'étroite collaboration de plusieurs personnes et organismes.

Des remerciements s'adressent en premier lieu à monsieur Jean-Marie Dubois, du Centre d'applications et de recherches en télédétection (CARTEL) de l'Université de Sherbrooke, qui aura d'abord, à titre de Coordonnateur du Réseau Télédétection de l'AUF (Agence universitaire de la Francophonie), permis la publication de ce livre. Nous le remercions aussi, en tant que collègue, pour sa lecture critique du texte et ses suggestions afin d'en améliorer la présentation et de faciliter son accessibilité, tant au niveau du fond que de sa forme.

Qu'il nous soit permis de remercier aussi notre collègue Gilles Lemieux du Laboratoire de télédétection et de géomatique de l'Université du Québec à Chicoutimi (UQAC) qui, par ses propositions de thèmes et ses suggestions quant au contenu, aura contribué à rehausser la qualité de l'écrit, de l'image et de l'approche pédagogique. Nous remercions aussi les professionnels et techniciens de ce laboratoire pour le temps qu'ils ont consacré à la recherche et à la production d'images de qualité.

Nous ne pouvons passer sous silence la contribution de monsieur Ferdinand Bonn, chercheur au CARTEL de l'Université de Shebrooke pour la lecture critique de ce texte. Il aura contribué à assurer une rigueur nécessaire pour ce genre d'œuvre. Des remerciements vont également à madame Lise Tessier pour la correction grammaticale.

Soulignons enfin la contribution du Centre canadien de télédétection et de différents collègues de l'Université du Québec à Montréal pour leur apport sur les études de cas ainsi que pour l'utilisation de différentes images aériennes et satellitales.

# SOMMAIRE

**NOTE :** Les termes en **caractères gras** dans le texte sont définis dans le
        lexique en annexe.

# LISTE DES FIGURES

# LISTE DES TABLEAUX

# Introduction générale :
# l'intérêt

Dans un article relativement récent, Jean-Paul Poupard [50] définissait la télé-détection comme étant une technique qui permet d'obtenir des **images** de la Terre. Pour lui, le mot **image** était un étonnant anagramme du mot magie.

Elle fascine l'être humain et excite souvent l'imagination. On est souvent porté à regarder plus loin que l'image, à voir au-delà de la réalité. En télédétection appliquée, cette réalité diminue nos ardeurs dans la perception de l'organisation spatiale. L'irréel n'a pas sa place, même si nous pouvons détecter des informations qui dépassent la limite de notre perception visuelle.

Il existe une autre réalité pour **l'image** et la magie qui y est rattachée : depuis maintenant plus de 25 ans, les scientifiques ont développé ou adapté diverses techniques de traitement d'image qui dépassent parfois l'entendement. C'est aussi magique de voir comment, aujourd'hui, une image peut être triturée et dépouillée d'une partie de son contenu afin de faire ressortir des particularités utiles à la compréhension de l'organisation des composantes terrestres. Ces produits « à valeur ajoutée » qui activent les cellules sensibles de l'œil et, *a fortiori*, notre intelligence et notre imagination, nous proposent une organisation des **formes**, des **teintes** et des **textures** d'objets qui ne nous est pas familière. L'œil humain doit s'instruire. La première étape, essentielle dans l'opération qui mène à une interprétation et à une application de qualité, réside dans l'observation. Toutes ces recherches qui sont développées pour le traitement d'image ont masqué ce besoin essentiel. Le développement (ou la mise en valeur) du sens de l'observation doit venir en tête des nouvelles priorités en télédétection à l'aube du XXIe siècle.

> *Selon le Petit Robert, observer, c'est considérer avec attention, afin de connaître, d'étudier. Par l'observation, on constate, on remarque. N'est-ce pas là une étape fondamentale de toute démarche scientifique ?*

Il faut se réhabituer à « lire » une image. Lire, c'est suivre des yeux en identifiant. Cette définition nous introduit à un autre terme : l'identification. En télédétection, c'est la reconnaissance ou, plus spécifiquement, selon certains, c'est la reconnaissance des **formes**. C'est dans cette étape de la démarche que nous avons concentré la plupart de nos efforts. Lire signifie aussi au sens figuré déchiffrer, décoder, discerner et comprendre. Nous dépassons donc la limite de la reconnaissance. Nous parlons alors de classification et surtout d'organisation spatiale. Enfin, il ne reste qu'un pas à franchir pour en arriver à l'analyse (spatiale). Notre cerveau a donc beaucoup plus de défis à relever que la simple reconnaissance d'objets. De l'observation à l'interprétation, nous nous devons d'utiliser des moyens, tant empiriques que rationnels, qui serviront à informer notre cerveau sur les manières d'établir des liens entre les objets terrestres et leurs caractéristiques intrinsèques.

> *Foulquier [28] affirme qu'un esprit scientifique repose d'abord sur la complémentarité qui existe entre la connaissance empirique (fondée sur la perception, la mémoire et l'imagination) et la connaissance rationnelle (déterminée par le concept, le raisonnement et le jugement).*

Le cerveau doit se rééduquer. En télédétection, le bleu n'est parfois plus le bleu. Le vert dans le visible devient rouge dans l'infrarouge et ainsi de suite. Le défi est de taille. Comment pouvons-nous comprendre l'organisation spatiale de la surface terrestre lorsque les clés d'interprétation développées jusqu'à maintenant doivent tenir compte de nouveaux facteurs, d'une nouvelle perception du réel. Des modifications importantes dans la manière de voir les choses s'imposent. La technologie doit aider à fabriquer des documents visuels qui permettront à l'être humain de diminuer la quantité d'efforts habituellement destinée au traitement des données pour la consacrer sans ménagement aux aspects de l'analyse et de l'interprétation et ce, dans une perspective de prise de décision éclairée.

## Le contexte

Ce livre s'inscrit dans une grande aventure de la Francophonie : la télédétection en français. En effet, depuis sa formation en 1988 au sein de l'Agence universitaire de la Francophonie (AUF) le Réseau Télédétection a, entre autres, poursuivi une politique de production scientifique et technique soutenue : actes de colloque, périodiques et manuels de base publiés en quatre volumes (techniques et méthodes, applications thématiques, SIG et traitement **d'images** numériques, méthodes de photo-interprétation) dont la parution s'échelonne de 1992 à 2000. Cette production se poursuit, par l'entremise de la maison d'édition Gordon & Breach, avec une collection de volumes spécialisés intitulée « L'univers de la télédétection », depuis 1997, et une revue à comité de lecture international nommée « Télédétection », depuis 1998. Maintenant, le Réseau Télédétection veut permettre à des non-spécialistes et au grand public en général de connaître ce monde fascinant de la télédétection.

## L'objectif

Ce livre a été réalisé afin de présenter au monde francophone une vision de la télédétection qui focalise d'abord sur le fait que c'est un outil servant à mieux connaître et comprendre la Terre. Il s'adresse à tout individu qui se préoccupe d'appréhension et de compréhension de l'organisation spatiale dans une perspective de gestion et de surveillance du territoire.

> *Surveiller la Terre signifie ici qu'il faut en prendre soin, que nous devons nous préoccuper de développement dans une visée de durabilité, c'est-à-*

> **dire en prenant conscience que toutes les ressources naturelles ne sont pas inépuisables et que l'activité humaine sur le milieu naturel doit être empreinte d'un souci d'équilibre entre les besoins et les ressources.**

Nous y présentons les assises que nous considérons comme étant essentielles à la compréhension de l'outil et à la perception de son potentiel d'utilisation face à la recherche de solutions à des problèmes de gestion et de surveillance. L'accent est donc mis sur la vision appliquée et, si le lecteur désire approfondir certaines particularités de la télédétection, il sera guidé en ce sens par la bibliographie que l'on retrouve à la fin du livre.

## La présentation

Ce livre est divisé en trois parties soit une introduction, six chapitres et une annexe. Plus spécifiquement, nous nous arrêterons d'abord sur des considérations historiques essentielles à la compréhension de la réalité d'aujourd'hui en télédétection (chapitre 1). Par la suite, nous nous devons de bien saisir les assises théoriques de cette discipline (chapitre 2) et de nous sensibiliser à son objet d'étude prioritaire : la Terre (chapitre 3). Une partie plus technique est nécessaire afin d'acquérir des connaissances sur les moyens utilisés pour la détection (chapitre 4) et le traitement de l'information acquise par télédétection (chapitre 5). Enfin, une vision critique de l'outil est présentée en conclusion (chapitre 6).

# Chapitre I
# Une histoire captivante

*Oublier ses ancêtres,*
*c'est être un ruisseau sans source,*
*un arbre sans racines.*

**Proverbe chinois**

## 1.1. D'Aristote à Newton

Dans ses principes fondamentaux pour toute recherche scientifique, le physiologiste français Claude Bernard présentait vers le milieu du XIX<sup>e</sup> siècle une vision de l'Homme qui perçoit ses limites et qui sent toujours le besoin d'inventer afin d'améliorer son niveau de connaissance. Il parle de la création d'appareils spéciaux et de divers instruments qui permettent de découvrir des caractéristiques cachées des objets. La soif de savoir et l'émerveillement des êtres humains pour des inventions de toute sorte auront fait dire à McLuhan [44], en 1971, que : «De tout temps, les êtres humains ont toujours été fascinés par une extension d'eux-mêmes faite d'un autre matériau qu'eux.» L'amplification ou l'extension artificielle de nos sens, notamment celui de la vision, aura modifié en profondeur les méthodes d'appréhension et de compréhension des objets et de leur organisation spatiale. L'histoire de la télédétection présuppose une interaction indissociable entre l'évolution de la science (lire la physique), des techniques liées à la photographie et des modes d'acquisition à caractère électronique de signaux provenant des objets (terrestres ou non). Il faut remonter à Aristote (environ 300 av. J.-C.) pour trouver nos assises menant à la pertinence du développement et de l'utilisation de la télédétection. En effet, ce philosophe traitait souvent d'éléments physiques tels que la nature de la lumière. Il l'a décrite comme étant une forme d'énergie qui permet de découvrir les caractéristiques de certains corps (ex : il a observé que certains objets sont transparents). Il persiste un vide d'information entre Aristote et le physicien-mathématicien égyptien al Hazïn qui, au X<sup>e</sup> siècle, explique le principe de la chambre noire (*camera obscura*). Par la suite, nous devons attendre les exploits de Newton en 1666 qui, en expérimentant avec un prisme, découvre que cet objet transparent peut décomposer une source incidente lumineuse en la dispersant dans un spectre de rouge, d'orange, de jaune, de vert, de bleu, d'indigo et de violet.

## 1.2. Les premiers pas

Le XIX$^e$ siècle marque le début d'une période beaucoup mieux documentée et les inventions et découvertes s'effectuent à un rythme accéléré. En effet, plusieurs événements dignes de mention nous permettent de mieux comprendre les origines de la télédétection :

1802    mise en place des concepts de base de la théorie de la couleur (théorie de Young-Von Helmholtz) ;

1827    première photographie du milieu naturel par le français Joseph Nicéphore Niepce (exposition de 8 heures) ;

1829    Niepce et Louis M. Daguerre s'associent dans leurs recherches, le premier concentre ses efforts sur l'héliographie et le second sur des dioramas (en collaboration avec le français Bouton) ;

1839    Daguerre invente le daguerrotype basé sur sa découverte que des vapeurs de mercure peuvent faire apparaître une image sur une plaque d'argent et que du thiosulphate de sodium permet de la fixer, la rendant ainsi permanente ; cette découverte concernant le thiosulphate de sodium vient en réalité du britannique Herschel (1819) ; Daguerre s'en est inspiré ;

1855    le physicien écossais James Clark Maxwell propose les assises théoriques pour la production de photographies en couleur.

## 1.3. La Terre vue du ciel

La deuxième moitié du XIX$^e$ siècle constitue un tournant pour le développement technologique associé à la télédétection. La première photographie aérienne connue est acquise en 1859 par le Français Félix Tournachon dit Nadar à partir d'un ballon captif situé à environ 400 m d'altitude au-dessus du lieu-dit « le Petit Bicêtre » (aujourd'hui disparu), au sud de Paris. Un an plus tard, les américains S. A. King et J. W. Black réalisent le même exploit au-dessus de la ville de Boston. Il a été reconnu que le ballon fut utilisé durant la guerre civile américaine pour l'observation du déplacement des troupes. Au point de vue civil, des vols sont aussi réalisés pour cartographier la forêt mais seulement par observation visuelle. Ce n'est qu'en 1887 que des allemands prennent pour la première fois des photographies aériennes par ballon pour des fins de cartographie forestière. Pendant ce temps, des améliorations techniques importantes se font au niveau de la photographie : Herman Vogel découvre, en 1873, une technique pour rendre des émulsions encore plus sensibles à la lumière. L'américain George Eastman invente le premier film photographique en 1889. Il remplacera ainsi progressivement la technique des plaques vitrées. En 1891, l'allemand Rahrmann se voit attribuer un brevet pour son invention qui allait permettre de prendre des photographies du haut des airs. Une particularité : son système de caméra (récupérable grâce à un parachute) était fixé sur une plate-forme propulsée par un moteur-fusée.

L'arrivée du XX$^e$ siècle marque le début d'une importante révolution technologique en matière de plate-forme aéroportée. On tente des expérimentations, plus cocasses les unes que les autres. On parle de cerfs-volants, de fusées propulsées par air compressé. Une des plus spectaculaires est certes l'utilisation du pigeon (figure 1.1). Ses capacités de voler en ligne droite sur de longues distances et d'arriver à bon port auront fait de cet oiseau une plate-forme fiable et peu coûteuse. Julius Neubronne le constate et demande, en 1903, un brevet pour des pigeons équipés d'une caméra miniature installée sous leur ventre. Cependant, la venue des avions aura tôt fait de supplanter toutes ces initiatives. Dès 1909, Wilbur Wright prend une première photographie aérienne par avion au-dessus de Centrocelli, en Italie. La plate-forme moderne était inventée. Cette réalité, combinée au premier grand conflit mondial, auront provoqué une accélération dans le développement des technologies de prise de vue aérienne. Pendant ce temps, une première étape essentielle était franchie dans le domaine de la télédétection spatiale. En effet, l'allemand Alfred Maul proposait, en 1907, le concept de gyro-stabilisation pour le système proposé par Rahrmann une quinzaine d'années plus tôt. En 1912, il lance avec succès une charge utile (41 kg) composée de quatre caméras. Elle s'élève jusqu'à une altitude de 790 m.

*Figure 1.1. : Une « force de frappe » en télédétection au début du siècle.*
*Adapté de : National Council for Geographic Education/Remote Sensing Task Force.*

## 1.4. L'acquisition systématique de l'information

Dès 1915, des caméras sont construites spécifiquement pour des prises de vues aériennes. En effet, le lieutenant colonel J. T. C. More Brabazon conçoit la première caméra aérienne pratique en collaboration avec la compagnie Thornton Pickard. Durant la guerre 1914-1918, les Forces aériennes françaises développent et impriment parfois jusqu'à 10 000 photographies par nuit (ex : plus de 56 000 en 4 jours lors de l'offensive de la Meuse-Argonne).

Après la Première Guerre mondiale, l'intérêt pour la prise d'images aériennes s'estompe. Il demeure cependant que les besoins au niveau civil, soit en géologie, foresterie, agriculture et cartographie ont quand même donné un souffle suffisamment grand pour provoquer, encore une fois, des développements technologiques et diverses réalisations dignes de mention. En voici quelques-unes par ordre chronologique :

1919    un gigantesque programme de cartographie des forêts canadiennes débute ; la conséquence directe de ce projet sera que le Canada aura une couverture complète de photographies aériennes en 1931 ; premières détections d'information en thermographie infrarouge (Hoffman) ;

1923  la compagnie allemande Zeiss met au point un premier stéréoscope pour la vision tridimensionnelle des photographies aériennes ; rappelons que le principe était connu depuis les années 1830 et il était utilisé pour fins d'amusement avec des photographies terrestres ;

1924  mise au point du premier film multicouche qui mènera à la mise en marché de la marque Kodachrome en 1935 ;

1931  fabrication du premier film sensible au rayonnement infrarouge ;

1936  prise de la première photographie aérienne montrant la courbure de la Terre par le capitaine A. W. Stevens à partir d'un ballon volant à plus de 23 000 m d'altitude.

## 1.5. Le début de l'ère spatiale

La Deuxième Guerre mondiale aura favorisé aussi le développement de technologies plus sophistiquées en ce qui concerne les capteurs photographiques, les fenêtres spectrales utilisables, les instruments de visualisation ainsi que les techniques et méthodes d'interprétation de ces photographies. À titre indicatif, notons le développement des films sensibles à l'infrarouge (fausse couleur) par les américains, les allemands et les anglais, ainsi que l'utilisation de la thermographie infrarouge et des micro-ondes actives (le radar). Pour ce dernier, la Grande-Bretagne prend les devants face à l'Allemagne et les États-Unis en développant un système de détection (radar imageur aéroporté, appelé PPI : (*Plan Position Indicator*) qui aura d'abord été utilisé dans le cadre des bombardements de nuit. Elle gardera cette avance jusqu'à la fin de cette guerre. Il nous faut aussi insister sur la construction d'une arme de représailles redoutable que les allemands ont utilisée entre 1944 et 1945. Il s'agit de la *Vergeltungswaffe2*, plus connue sous le nom de V2. Elle est le précurseur des lanceurs modernes de satellites. Après cette guerre, plusieurs événements marquent le développement de la télédétection moderne :

1946  les américains utilisent des V2 pour prendre les premières photographies de la Terre à partir de la haute atmosphère ;

1954    la compagnie américaine Westinghouse développe le premier radar à ouverture latérale, le SLAR (*Side looking airborne radar*) ;

1956    l'américain Colwell expérimente l'infrarouge fausse couleur, réservée jusqu'alors aux militaires ; ses recherches portaient sur la végétation (reconnaissance, classification, détection de zones de stress) ; il s'est inspiré des travaux réalisés par le russe Krinov en 1947 sur la réflectance des objets naturels ;

1957    l'URSS lance le premier satellite artificiel : le SPOUTNIK 1, démontrant ainsi la capacité qu'a l'être humain à lancer une plate-forme dans un environnement exoatmosphérique où la gravité terrestre n'exerce que peu d'influence ; cet événement ouvre la porte à l'exploration spatiale et, *a fortiori*, à l'observation de la Terre par satellite ;

1959    au mois d'août, première photographie de la Terre vue de l'espace ; elle fut transmise par le satellite américain Explorer-6 ;

1960    les américains lancent le premier satellite météorologique en avril. Il s'agit de TIROS-1 ; ce satellite est la première plate-forme de télédétection connue destinée à des fins civiles ; cet événement marque la fin du monopole exercé par la plate-forme aéroportée pour l'acquisition d'information terrestre ;

1962    Zaitor et Tsuprun construisent un prototype de caméra photographique multibande (9 fenêtres) ; les possibilités de ce type d'imagerie étaient connues depuis la fin de la Deuxième Guerre mondiale.

La récente décision américaine de rendre publiques des photographies prises par des satellites militaires nous a fait découvrir qu'entre 1960 et 1972, les capteurs des satellites CORONA, ARGON et LANYARD ont acquis environ 800 000 photographies de la Terre. Elles ont été enregistrées dans la fenêtre du visible (panchromatique). Leur résolution spatiale était phénoménale pour l'époque. En effet, elle est passée de 8 m au début à 2 m à la fin du programme. Notons que la première photographie spatiale de l'environnement terrestre a été prise par le capteur du satellite CORONA le 18 août 1960 au-dessus du territoire soviétique. Il s'agissait évidemment d'une cible militaire.

## .6. Les premiers satellites d'observation de la Terre

Les années 1960 auront aussi été le théâtre de la course vers la Lune entre les américains et les russes. Cette compétition, à partir de satellites habités (Gemini, Apollo, Soyouz), aura profité grandement à la télédétection car, des deux côtés, on a développé et expérimenté des capteurs mono et multibandes menant à ceux qui sont installés dans les satellites d'observation de la Terre actuels. De plus, la « démilitarisation » du domaine des hyperfréquences par l'armée américaine au début de cette décennie ouvrait une porte. Cette porte était l'exploitation d'une fenêtre spectrale dont l'avantage de prise d'information terrestre en tout temps serait grandement exploité à partir des plates-formes tant aéroportées que satellitales. La course vers la Lune étant terminée, les années 1970 seront marquées par une première révolution dans le développement des satellites non habités. Tout en prenant conscience que les satellites météorologiques continuaient à jouer leur rôle en bénéficiant en même temps des nouvelles technologies, des étapes importantes sont franchies pour les satellites d'observation de la Terre. En voici quelques-unes :

1972    le 23 juillet, les américains lancent le satellite ERTS-1 (*Earth Ressource Technology Satellite*) utilisant des capteurs de type RBV (*Return Beam Vidicon*) et MSS (*Multi Spectral Scanner*), ce dernier bénéficiant des expérimentations avec des caméras multibandes durant la mission Apollo-9 ; il sera le premier d'une série de trois (qui sont en réalité des versions modifiées des satellites météorologiques de type Nimbus) ; deux jours plus tard, le centre des opérations du Goddard Space Flight Center recevait la première image du satellite ;

1973    lancement de la première station spatiale américaine le 14 mai ; la station Skylab fut utile en télédétection par l'intermédiaire du EREP (*Earth Ressource Experiment Package*) ; l'équipement comprenait des caméras mono (1) et multibandes (6), un balayeur multibande à 13 canaux, un spectroradiomètre et deux systèmes actifs d'expérimentation avec aussi des balayeurs multibandes ; les résultats ont permis de préparer notamment de nouveaux capteurs pour la deuxième génération des satellites Landsat : le capteur TM (*Thematic Mapper*) ; de plus, des expérimentations dans le domaine des micro-ondes passives et actives ont jeté les bases conceptuelles des capteurs actifs du satellite Seasat ;

1975  le 22 janvier, même si ERTS-1 fonctionne encore normalement et même s'il a largement dépassé son espérance de vie, les américains lancent le deuxième satellite de la série ; la NASA change l'appellation du programme ; il se nomme dorénavant Landsat (Land satellite - satellite d'observation de la Terre - pour une meilleure distinction par rapport au projet Seasat - satellite d'observation de la mer) ; le Landsat-2 utilise les mêmes capteurs que ceux montés sur Landsat-1 (ERTS-1) ; la République populaire de Chine lance en juillet le satellite Chinasat-I ; il est le premier d'une série de sept qui seront lancés jusqu'en décembre 1976 ;

1977  lancement en novembre de Météosat-I ; il est le premier d'une série de satellites à vocation météorologique destiné d'abord à répondre aux besoins de l'ensemble des pays européens ;

1978  le 5 mars, Landsat-3 est mis en orbite. On y ajoute une nouvelle fenêtre spectrale au capteur MSS ; il s'agit de celle qui capte une partie de l'énergie thermique (10,4 - 12,6 mm) ; il y a aussi un important changement dans les caméras RBV ; leur résolution spatiale double en précision ; le 26 avril, les américains lancent le satellite HCMM (*Heat Capacity Mapping Mission*) ; il s'agit d'un petit satellite plus spécialisé et moins dispendieux que les autres plates-formes telles que le Landsat ; sa tâche principale est d'expérimenter le concept d'inertie thermique (apparente) afin d'aider à une meilleure discrimination entre les différentes surfaces ; il était le premier d'une série appelée AEM (*Application Explorer Missions*) que la NASA planifiait de lancer ; ce projet n'eut pas de suite ; deux mois plus tard, soit le 26 juin, un autre satellite spécialisé était lancé aux États-Unis, soit la plate-forme Seasat ; il devait être le premier d'une série de satellites d'observation destinée à la recherche océanographique ; le 10 octobre, un court circuit majeur dans le système électrique le rendait inutilisable ; cette année-là est marquée enfin par le lancement de Nimbus-7 ayant à son bord le capteur CZCS (*Coastal Zone Color Scanner*) ainsi que le SMRR (*Scanning Multichannel Microwave Radiometer*) et de TIROS-N qui était la première plate-forme satellitale équipée du capteur AVHRR (*Advanced Very High Resolution Radiometer*) ;

1979    l'Inde entre dans la course en lançant le satellite Bhaskara-1 le 7 juin ; il est des-
        tiné à l'observation de la Terre par un système de caméras de télévision et à
        l'observation océanique par des radiomètres fonctionnant dans les micro-ondes.

## .7. Une évolution nécessaire

La fin des années 1970 et surtout le début des années 1980 sont marqués, non
seulement par l'arrivée de la seconde génération des satellites américains
Landsat, mais aussi par celle de compétiteurs provenant de divers pays
(France, Japon, Inde, URSS). Une nouvelle course s'inscrit dans le temps. Elle
a comme finalité de proposer la plate-forme la plus performante en matière
d'application et de fiabilité. Parallèlement à cela, on assiste à la privatisation
des agences de développement et de distribution des produits de télédétection.
Des entreprises telles que SPOTImage et *EOSAT* voient le jour. L'expression
« plate-forme opérationnelle » est de plus en plus présente dans le langage des
« décideurs ». Les préoccupations grandissantes au sujet de l'environnement
engendrent une nouvelle perception du monde. Le vocabulaire s'enrichit d'ex-
pressions telles que le « suivi environnemental » et la « protection de l'environnement ». Une nouvelle échelle de travail s'ajoute à celles déjà existantes :
celle de la Planète. Cette décennie aura donc été une phase cruciale dans le
développement et l'expansion de l'utilisation des données de télédétection.
Voici quelques étapes importantes à retenir :

1981    le 12 novembre, lancement d'une navette spatiale américaine ayant à son bord le
        système radar SIR-A (*Shuttle Imaging Radar*) ; les images acquises par bandes
        de 50 km de côté couvrent une superficie totale d'environ 10 millions de km$^2$ ;
        le 20 novembre, l'Inde poursuit sa mission en télédétection en lançant le satelli-
        te Bhaskara-2 ;

1982    lancement du satellite américain Landsat-4 le 16 juillet ; il s'agit du premier
        satellite de la seconde génération des Landsat ; un nouveau capteur est ajouté
        au MSS déjà existant sur les plates-formes antérieures ; il s'agit du Thematic
        Mapper (TM) ; il contient une amélioration notable au niveau de la résolution
        spatiale et spectrale ; des problèmes techniques majeurs ont engendré une perte

importante de son potentiel d'utilisation sur une base opérationnelle moins de deux ans après son lancement ;

1984     suite aux difficultés techniques rencontrées avec Landsat-4, le satellite identique qui devait prendre la relève, le Landsat-5, est lancé plus tôt que prévu soit le 1er mars ; poursuite des expérimentations du radar à partir d'une navette spatiale ; lors du vol d'octobre, le système SIR-B est utilisé ; il possède une antenne qui permet de faire varier l'angle de dépression lors de l'acquisition des données ;

1985     privatisation de la distribution des données de Landsat ; un premier contrat à caractère commercial est donné à la firme EOSAT ;

1986     lancement le 21 février du satellite européen SPOT-1. Ainsi, les satellites américains d'observation de la Terre ne sont plus seuls dans l'espace ; ce satellite est géré par une entreprise privée française ; il s'agit de SPOT Image ;

1987     le Japon réplique à la compétition internationale en lançant le 19 février le satellite MOS-1A ; il est surtout destiné à l'observation maritime ; l'URSS expérimente un radar sur la plate-forme Cosmos-1870 ; elle est le prototype du satellite Almaz-1 ;

1988     l'Inde poursuit sa progression dans le domaine des plates-formes opérationnelles en lançant le 17 mars, le satellite IRS-1A.

## 1.8. La sagesse, la compétition et la haute résolution

La dernière décennie de notre siècle aura débuté sous le signe de l'évolution technologique, de la polyvalence et de la confirmation que le marché de la télédétection est ouvert à l'échelle du globe. En effet, plusieurs pays participent à l'avancement de la recherche et du développement en télédétection. La privatisation se poursuit. Les années 1990 sont témoins de l'arrivée d'une troisième génération de satellites. Nous parlons maintenant, d'une part, de capteurs multibandes avec un nombre de bandes qui se compte dans l'ordre de la centaine (capteurs hyperspectraux) et, d'autre part, d'une résolution spatiale qui voisine le mètre en panchromatique. Ils proviennent en partie du fait que certains satellites militaires ont vu leur vocation première changer. On parle de démilitarisation de quelques plates-formes, tant du côté américain que du côté russe. Nous sommes aussi témoins d'un changement de philosophie dans l'utilisation de la télédétection pour l'observation de la Terre. Elle devient une source de données parmi d'autres et c'est dans cet esprit que l'on perçoit une remontée de sa «popularité». La poursuite de l'évolution est marquée par les événements suivants :

1990    le 7 juillet, lancement du satellite japonais MOS-1B ; lancement du satellite SPOT-2 le 22 juillet ;

1991    le 31 mars est marqué par la mise en orbite du satellite russe Almaz-1 ; il s'agit du premier satellite radar à être utilisé à des fins commerciales ; il ouvre une nouvelle ère en matière de télédétection opérationnelle à cause de sa capacité à acquérir des informations sous n'importe quelle condition climatique, le jour ou la nuit, le tout avec une haute résolution spatiale (10-15 m) ; la réplique européenne ne se fait pas attendre ; en effet, ERS-1 est lancé le 16 juillet ; comme Almaz-1, il opère dans le domaine des hyperfréquences actives (radar) ;

1992    le Japon réussit à mettre sur orbite le satellite JERS-1 le 11 février ; un problème technique lié à son antenne fait en sorte qu'il ne peut cependant utiliser qu'une partie de son énergie ; les États-Unis et la France joignent leurs efforts dans le projet TOPEX-POSÉIDON et lancent le 10 août une plate-forme destinée à prendre des mesures topographiques sur les surfaces océaniques ;

1993    le 26 novembre 1993, SPOT-3 est mis en orbite ; victime d'une panne majeure, il ne fonctionnera que jusqu'au 14 novembre 1996 ; suite à cette panne, SPOT-1 sera remis en service avec succès ;

1994    une navette spatiale américaine effectue 2 vols (9 avril et 30 septembre) avec un appareil radar à bord, le SIR-C ; il s'agit de la troisième expérience avec ce type de capteur depuis 1981 ; lancement du satellite américain Landsat-6 le 5 octobre ; un problème technique majeur aura empêché le satellite d'atteindre l'orbite souhaitée ; il s'est probablement abîmé en mer ;

1995    les images provenant de satellites à vocation militaire sont mises à la disposition du monde civil (séries CORONA, ARGON, LANYARD pour les États-Unis et les caméras KFA/KVR pour les russes) ; lancement du satellite européen ERS-2 le 20 avril ; le 4 novembre, le Canada lance son premier satellite de télédétection : RADARSAT-1 ; l'Inde poursuit son implication dans les satellites d'observation de la Terre en lançant IRS-1C le 28 décembre ;

1996    le 17 août 1996, le Japon lance ADEOS-I ; il s'agit d'un satellite polyvalent qui possède pas moins de 8 types de capteurs différents destinés à l'étude de l'eau, de la Terre et de l'atmosphère ; un problème technique provoquera une fin d'opération précoce le 30 juin 1997 ;

1997    le 22 août, le satellite américain TRW-Lewis est placé en orbite ; il a une vocation commerciale et possède des capteurs à très haute résolution spatiale et spectrale ; quatre jours plus tard, un problème technique donne au vaisseau un mouvement de rotation non souhaité ; ne pouvant être contrôlé, il se désintègre lors de son entrée dans l'atmosphère le matin du 28 septembre ; lancement d'un second satellite commercial à très haute résolution ; ce satellite américain se nomme Early Bird ; il a été lancé le 24 décembre grâce à la fusée porteuse russe SS20/SS25 à partir du cosmodrome de Svobodny, en Russie ; bien qu'il ait été mis en orbite, la station de contrôle a perdu le contact avec cette plate-forme le 28 décembre ; elle est devenue inutilisable ; lancement du satellite indien IRS-1D le 25 septembre ;

1998    lancement réussi de SPOT-4 le 24 mars (heure de Paris) depuis la base de Kourou, en Guyane. Deux nouveaux types d'instruments sont disponibles : il s'agit du HRVIR, dérivé du HRV avec l'ajout d'une bande dans le moyen infrarouge, et de la charge utile VÉGÉTATION qui est composée notamment de 4 caméras pouvant enregistrer dans les mêmes fenêtres spectrales que celles du HRVIR mais, avec une très large prise de vue (2 250 km) et une résolution spatiale de 1,165 km de côté.

Durant ces décennies de développement, des pays tels que l'ex-URSS et la Chine ont construit et exploité pour des fins, d'abord militaires, des satellites de télédétection. Malheureusement, nous n'avons que peu de détails à ce sujet à l'exception de certains de l'ancienne l'URSS qui, à cause de son histoire récente, a rendu accessibles des données provenant de différentes plates-formes. Depuis le milieu des années 1970, des projets tels que Meteor, Cosmos (Okean), Resurs pour l'ex-URSS et Dong Fang Hong pour la Chine ont marqué leur histoire.

Aujourd'hui, le développement s'oriente vers l'amélioration des capteurs en matière de finesse (spatiale, spectrale, temporelle), de polyvalence et de longévité. Nous verrons en détails dans le chapitre 4 comment les nouvelles technologies permettent et permettront aux développeurs de proposer des équipements qui sont performants dans ce sens.

# Chapitre 2
# La télédétection : les assises

*Heureux celui qui a pu
pénétrer les causes secrètes
des choses.*

**Traduction d'un proverbe latin**

## 2.1. Sur la perception de l'image

En télédétection, la perception de l'**image** a son assise dans le fait que chaque objet (unité spatiale) a une signature qui lui est propre (unité spectrale). Sa **signature spectrale** est basée sur la luminance. La reconnaissance des objets par la **teinte** est on ne peut plus naturelle. En effet, cent ans de recherche en psychophysique et en neurobiologie ont démontré que les habiletés du système visuel humain sont souvent innées (reconnaissance des contrastes entre la luminance des objets).

Cependant, d'autres habiletés doivent être apprises (la **forme** des objets). En effet, selon Spelke [63] le cerveau doit se créer un dictionnaire visuel. En somme, l'efficacité de la perception visuelle est fonction, non seulement de la luminance des objets, mais aussi de la qualité de l'apprentissage que l'on acquiert avec le temps.

Il semble que l'être humain utilise toujours le même mécanisme pour percevoir l'organisation des objets, quelle que soit la période de sa vie. C'est peut-être pourquoi nous avons tant de difficultés à reconnaître les objets terrestres lorsque nous n'utilisons que leur luminance (lire **signature spectrale**), comme critère de reconnaissance en télédétection.

D'autres critères d'identification tels que la **forme**, la taille, la **texture** et l'**arrangement** deviennent des éléments de première importance. Selon des études sur la perception visuelle, le cerveau n'a besoin de « savoir » que ce qui se passe en périphérie, sur la bordure des objets, et que le contenu lui est secondaire. Nous verrons plus loin comment l'œil humain, par l'intermédiaire de ses cellules sensibles, réussit à connaître et à reconnaître les caractéristiques des objets.

Le géographe photo-interprète canadien Hugues Gagnon [29] reconnaissait d'emblée que l'identification et le rôle d'un objet par rapport à son environnement étaient identifiés par l'être humain à partir d'un processus mental complet. Pour lui, la suite logique des opérations se présente ainsi :

1) détection ;

2) identification ;

3) analyse (interprétation) ;

4) déduction ;

5) classification.

La finesse de la **résolution** (spatiale) de **l'image**, jumelée avec les caractéristiques des objets sont des éléments utilisés dans l'étape de l'identification. La stéréoscopie et l'effet d'ombrage peuvent contribuer à une identification de qualité quoique ce dernier peut aussi parfois masquer des objets. Estes *et al.* [27] proposent de prioriser les critères. Sur le tableau 2.1, nous présentons une synthèse sur le processus d'analyse d'image, peu importe qu'elle soit au départ analogique ou numérique.

Tableau 2.1. : Niveau de complexité des caractéristiques qui aident à l'identification des objets.

| PARTICULARITÉS | CARACTÉRISTIQUES | COMPLEXITÉ |
|---|---|---|
| ÉLÉMENTS FONDAMENTAUX | Résolution spatiale, teinte/couleur | Faible |
| ARRANGEMENT SPATIAL DES TEINTES | Forme, taille, texture | Moyenne |
| | Arrangement, hauteur, ombre | Élevée |
| | Site, résolution, lien | Très élevée |

*Adapté de Estes et al. [27].*

Une **image** n'a de sens que dans la perspective où cet ensemble d'informations complexes peut être perçu comme un tout cohérent à partir de différents systèmes de perception. En effet, c'est par l'établissement de liens entre la **forme**, la taille, la **texture**, la couleur et l'**arrangement** des objets qui la composent que nous pourrons comprendre ce que l'on voit.

Pour ce qui est de la **photographie** aérienne conventionnelle, l'expérience acquise avec les années et l'amélioration générale dans la connaissance des objets à analyser ont fait en sorte qu'elle est devenue et qu'elle demeure un outil très précieux. Encore aujourd'hui, plusieurs hésitent avant de se lancer dans l'aventure du numérique, estimant que la **photographie** conventionnelle possède encore un rapport qualité/prix très intéressant en fonction de leurs besoins. Il n'en demeure pas moins que les systèmes d'acquisitions d'**images** non-photographiques comportent des avantages indéniables :

– ils peuvent enregistrer des informations dans des **fenêtres spectrales** qui dépassent nettement les possibilités des systèmes photographiques afin de trouver de nouvelles caractéristiques particulières des objets ;

– ils peuvent décomposer les domaines spectraux détectables par **photographie** en une série de **bandes spectrales** fines afin de mieux distinguer certaines caractéristiques des objets ;

– ils possèdent une dynamique spectrale plus grande en ce sens qu'un **capteur** peut détecter simultanément l'énergie émise ou réfléchie dans plusieurs fenêtres à la fois, procurant ainsi à l'interprète un maximum d'information pour une interprétation plus objective ;

– ils peuvent informer en temps réel les utilisateurs d'**images** afin de pouvoir prendre des décisions rapides lorsque requises ;

– certains systèmes fournissent une **résolution** temporelle stable (satellites), facilitant ainsi le suivi de phénomènes dynamiques.

La perception des objets dans des fenêtres autres que celles du visible constitue un défi en matière d'identification et d'interprétation. En effet, une **image** acquise dans l'infrarouge thermique n'a absolument pas la même clé d'identification que celle prise dans le visible. Les possibilités de créer des **composés couleur** (sur écran ou sur papier) complexifient encore plus l'identification et l'interprétation. L'être humain est habitué à percevoir les objets dans leurs couleurs « naturelles ». Là, c'est bien connu, la couleur devient un avantage.

Cependant, la combinaison de trois bandes spectrales provenant de fenêtres différentes ou même des fenêtres du visible, mais non ordonnée d'une façon naturelle, engendre une perception visuelle qui porte à confusion parce que les objets n'ont pas leur couleur habituelle. L'**image** résulte cependant de règles bien connues. Nous parlons ici des couleurs de base et de leurs combinaisons pour obtenir d'autres couleurs. Sur le tableau 2.2, nous présentons ces principales combinaisons.

*Tableau 2.2. : Les couleurs.*

| COULEURS DE BASE | COMBINAISONS |
|---|---|
| MAGENTA | Magenta + Jaune = Rouge (1) |
| | Jaune + Cyan = Vert (1) |
| JAUNE | Magenta + Cyan = Bleu (1) |
| | Magenta + Jaune + Cyan = Noir (1) |
| CYAN | Rouge + Vert + Bleu = Blanc (2) |
| | Rouge + Bleu = Magenta (2) |
| | Rouge + Vert = Jaune (2) |
| | Bleu + Vert = Cyan (2) |

Notons que les couleurs intermédiaires sont obtenues soit par une modification du niveau d'absorption des filtres utilisés (1), soit par une variation de l'intensité des faisceaux lumineux (2).

Les clés d'interprétation impliquant la couleur deviennent plus complexes et la perception du message visuel beaucoup plus difficile lorsque nous n'associons pas, dans les canaux respectifs, les couleurs qui leur sont naturelles, soit bleu dans le bleu, vert dans le vert et rouge dans le rouge. En conséquence, l'interprétation risque de comporter plus d'erreurs que dans le cas d'une photo-interprétation conventionnelle. Pour parer à ce problème, certains chercheurs ont constaté que la perception colorée des objets est étroitement liée à la perception des **formes**, des contours et des contrastes. Face à ces constats, on a développé des outils visant à compartimenter l'espace spectral et à créer une vision synthétique des objets qui composent le paysage. En fait, on tente de créer des **arrangements** identifiables par l'œil humain.

La perception de l'**image** est devenue complexe car on ajoute au processus menant à l'interprétation des caractéristiques d'objets qui ne sont pas détectables par nos sens comme la vue. De plus, nous utilisons des outils sophistiqués qui sont composés d'éléments parfois rébarbatifs pour un utilisateur. Il existe cependant une complémentarité indéniable entre la perception visuelle souvent appelée analogique et les outils numériques. Lillesand et Kiefer [39] synthétisent bien cette assertion lorsqu'ils mentionnent que, jusqu'à un certain point, les humains sont limités dans leurs habilités à interpréter des signatures spectrales. Les ordinateurs sont à leur tour limités dans l'interprétation d'organisations spatiales. En conséquence, les techniques visuelles et numériques sont complémentaires et il faut réfléchir à une approche ou à une combinaison d'approches que nous devons préconiser pour un type particulier d'application.

Dans un autre ordre d'idées, la perception de l'**image** est fortement influencée par l'**échelle** spatiale à laquelle nous désirons obtenir des informations terrestres. En télédétection numérique, le terme **échelle** est intimement lié au concept de la **résolution** spatiale. Par analogie au grain d'une **photographie** aérienne, plus le **pixel** est petit, plus l'image sera informative du réel perceptible par l'œil humain. Une modification dans la résolution spatiale engendre inévitablement un changement dans la finesse de l'information obtenue.

Cette **résolution** est déterminée par la technologie des **capteurs** ou par les possibilités d'amalgame ou de duplication de **pixels** à l'aide de logiciels appropriés. Plus elle augmente, plus elle banalise les détails et, *a fortiori*, plus elle présente les grands ensembles d'un territoire donné. Le contraire permet d'examiner les constituantes du territoire dans leurs moindres détails, surtout si l'on tient compte de l'arrivée d'une nouvelle génération de capteurs. Selon Bonn [10], la résolution spatiale fine promise par les promoteurs des nouveaux satellites entraîne des inconvénients (déjà perceptibles lors de la mise en opération de SPOT-1 et de Landsat-4). Notons d'abord l'augmentation effarante de la quantité de données qui engendre des problèmes de stockage et de traitement. Par exemple, lorsque l'on double la finesse de la **résolution** spatiale, nous obtenons quatre fois plus d'informations. Cette multiplication a pour conséquence de limiter la superficie couverte par une **image**. À titre indicatif, le futur satellite américain QuickBird ne couvrira qu'un secteur de 22 km de côté. En mode **panchromatique** (avec une **résolution** spatiale de 0,82 m), une image non compressée aura une taille de 1 gigaoctet ! Cette nouvelle réalité remet sérieusement en question les méthodes de traitement et de classification développées pour des images ayant des résolutions spatiales beaucoup plus grossières (ex : les données du **capteur** MSS de Landsat). Mais, par contre, les progrès fulgurants de l'informatique permettent de suivre cette évolution et de poursuivre la recherche.

Pour l'**échelle** temporelle, nous devons en tenir compte lorsque l'**image** représente un processus dynamique provoqué par des activités humaines (déforestation) ou des phénomènes naturels (éruption volcanique). Pour des satellites sans **capteur** à géométrie variable, il est logique de penser que, plus l'image acquise est petite, moins souvent le satellite pourra repasser sur le même site. Les développements récents nous montrent cependant que les fabriquants développent de plus en plus de **capteurs** à géométrie variable. Grâce à cette technologie, il devient possible d'améliorer la **résolution** temporelle ou, en d'autres mots, la fréquence de prise d'information.

Même si la connaissance de la vision humaine est bien développée, il n'en demeure pas moins que l'un de ses aspects est peu compris. Il s'agit de l'esthétique. Il est d'une importance capitale en télédétection. En effet, devant une **image** subjectivement plus plaisante à regarder, on est tenté d'en savoir plus long sur son contenu bref, de l'interpréter. Si nous sommes attirés par l'**image**, cela signifie que l'agencement des **teintes** (couleurs) et des **formes** crée des stimuli agréables. Pour les couleurs, l'être humain préfère par ordre, décroissant, le bleu, le rouge, le vert, le violet, l'orange et le jaune. Il faut qu'elles soient bien harmonisées (jaune et vert, violet et rouge, jaune et bleu, par exemple). À ce moment, la télédétection devient un art. Il faut savoir bien utiliser les connaissances et les techniques de rehaussement mises à notre disposition par l'intermédiaire de logiciels sophistiqués (mais souvent conviviaux).

## 2.2. Sur la définition de l'outil

La définition la plus élémentaire de la télédétection se confine au processus nécessaire pour obtenir de l'information sur des objets et ce, sans être en contact physique avec eux.

À ce titre, l'œil est peut-être notre plus vieil outil servant à la télédétection. Il est cependant subordonné par le cerveau : instrument ultime à l'appréhension, au traitement, à la classification, à l'analyse et à l'interprétation des messages visuels que notre système optique véhicule. Avec le temps, la technologie aura permis de développer des outils qui sont en quelque sorte un prolongement, un raffinement, voire parfois un remplacement d'un de nos sens vitaux par des artifices dont l'efficacité suscite encore aujourd'hui l'étonnement. On se rappellera toujours de la première fois que l'on a regardé une **image** acquise par télédétection. C'est la découverte d'un monde qui nous échappait jusqu'à maintenant. L'extension de nos sens s'avère être une nécessité.

L'interaction entre l'œil et le cerveau implique évidemment un niveau de connaissances suffisamment cohérent pour pouvoir comprendre le message reçu. Notons d'abord le pourquoi des choses. Si l'être humain peut enregistrer des données visuelles, c'est parce que la télédétection a des assises qui relèvent de la physique (énergie, **longueur d'onde**, **rayonnement électromagnétique**, etc). C'est pourquoi certains auteurs ont poussé la définition de la télédétection jusqu'à la frontière de la science alors que c'est un outil. La logique et la méthode qu'elle apporte ne sont pas suffisantes. En effet, la base de la connaissance contient aussi de l'intuition, de l'imagination et de la mémoire. Il devient donc hasardeux de commencer une définition par : c'est une science… Elle n'est pas non plus nécessairement un art, quoi qu'il faille avoir en soi des qualités artistiques pour réussir à faire ressortir l'essentiel d'un message qui est souvent perdu dans un univers de pixels. Devant cet imbroglio, comment doit-on réagir ? Faut-il proposer une définition où science et art sont implicites ? D'un point de vue pratique, nous nous risquons sur une définition à caractère appliquée :

> *La télédétection est une série de méthodes et de techniques nécessaires à la saisie, au traitement et à l'interprétation d'objets à la surface terrestre et ce, sans être en contact physique avec eux.*

Pour nous, il s'agit d'un outil qui nous permet d'obtenir d'abord des **images** de la Terre. Nous ne pouvons cependant exclure aujourd'hui les autres planètes du système solaire. La compréhension du message visuel et l'analyse des signatures qui les composent relèvent d'un mélange d'éléments à caractères empirique et rationnel, ce qui nous fait penser que, ce n'est qu'à cette étape que nous pouvons introduire dans la démarche de la connaissance les termes science et art.

La télédétection nous aide à obtenir une vision de la surface de la Terre d'un point de vue nouveau, caractérisé par un champ de vision, un angle de vue et une optique spectrale inhabituels pour les observateurs. Elle dispense des **images** qui permettent une telle variété d'**échelles** de travail que l'on peut mieux saisir dans son entité un phénomène, une organisation ou une structure.

## 2.3. Sur la place de la télédétection au sein des données multisources

Dans le cadre de la planification (incluant l'inventaire et la mise à jour) et de la surveillance du territoire, des chercheurs tels que Star et Estes [64] ou Lillesand et Kiefer [39] n'hésitent pas à affirmer que la télédétection et les **systèmes d'information géographique (SIG)** sont devenus avec le temps les pivots de l'information et de l'analyse de notre biosphère. De toutes les sources de données disponibles, la télédétection constitue à plusieurs égards un apport essentiel aux **SIG**.

Cette vision des choses n'est cependant pas partagée par tous. En effet, certains ne perçoivent pas encore aujourd'hui les avantages d'utiliser les données de télédétection à l'intérieur d'un système d'information multisource. Parfois, on est plutôt négatif à son égard, notamment chez certains cartographes, pour des raisons telles que le type de données (matriciel), la faiblesse de sa **résolution** spatiale, son coût, son caractère relativement expérimental, la nécessité de traiter les données avant de pouvoir arriver à en extraire un produit de sortie utile et la difficulté d'obtenir les données en temps réel. Présenter ce genre d'arguments est bien mal connaître la télédétection d'aujourd'hui et de demain. La technologie aura poussé ses limites tellement loin qu'une partie des problèmes énumérés précédemment ne sera plus bientôt qu'un vague souvenir. Il n'en reste pas moins que les arguments économiques (coût/rentabilité) restent à être démontrés dans bien des cas.

Il faut encore faciliter l'accessibilité aux données et aux logiciels de traitements conviviaux. Dans ce cas, de grands pas ont été faits dans la bonne direction. En effet, plusieurs **images** ainsi que des logiciels de traitement d'images sont disponibles gratuitement sur le réseau Internet.

Les actions récentes de la part des gouvernements et des entreprises privées confirment la pertinence de la télédétection comme source de données. En effet, nous assistons à la mise en place d'une nouvelle génération de satellites ayant des **capteurs** à haute **résolution** spatiale (comparable à celle des **photographies** aériennes), spectrale, radiométrique et temporelle. Les logiciels deviennent de plus en plus conviviaux et l'intégration de données de type matriciel (ex : données de télédétection) est devenue chose courante dans les logiciels de **SIG**. Bien qu'elle soit une source de données consistantes, la télédétection a souvent besoin de **données auxiliaires** afin d'arriver à proposer des informations fiables et utilisables.

Par exemple son utilisation devient incontournable lorsque nous tentons de saisir le concept de région ou d'unité spatiale. Elle représente le réel (**visible** et invisible) mieux que la carte, celle-ci étant une représentation mathématique et synthétique d'un territoire. Une combinaison en couleurs d'images acquises par télédétection, calée sur un **modèle numérique d'altitude (MNA)** en vision tridimensionnelle, devient un document nécessaire, voire essentiel, pour saisir une unité spatiale ainsi que son contenu.

La télédétection est unique en son genre en ce sens qu'elle peut être utilisée pour recueillir des informations non directement détectables par d'autres moyens techniques. La statistique, les **SIG** et la cartographie ont besoin de données existantes préalables. Elles proviennent la plupart du temps d'une collection d'informations *in situ*. Dans la perspective de gestion du territoire, la télédétection est une des seules sources d'information qui permet d'emmagasiner sur une base temporelle régulière diverses caractéristiques des objets. Comme nous le savons maintenant, elle détecte notamment ce qui est invisible à l'œil humain. En conséquence, la télédétection permet d'enregistrer de nouvelles caractéristiques de la Terre et de ses composantes. Elles peuvent aussi être traitées et classifiées afin d'alimenter des bases de données multisources utilisables dans un **SIG**. Selon Star et Estes [64], plusieurs modèles qui nécessitent des données spatiales ne peuvent aujourd'hui fonctionner sans l'apport de la télédétection. Retenons par exemple les prévisions météorologiques, la désertification et le suivi des grands courants marins.

Par ses possibilités en matière de répétitivité, les données de télédétection deviennent une source privilégiée pour la mise à jour de documents divers, qu'ils soient numériques ou analogiques. De plus, la diversité des **plates-formes** disponibles fait en sorte qu'il est possible maintenant d'obtenir des informations utiles de l'**échelle** locale à l'**échelle** planétaire et ce, sous n'importe quelle condition climatique. Ainsi, la télédétection devient une source précieuse de renseignements tant dans la planification et l'aménagement du territoire que dans l'appréhension et l'analyse d'événements à caractère environnemental ayant des impacts à l'**échelle** du globe, comme des événements récurrents tels le phénomène El Niño ou les éruptions volcaniques.

Les données numériques de télédétection ont comme avantage technique majeur de pouvoir se **géoréférencer** avec d'autres données numériques afin qu'elles soient géographiquement superposables à d'autres documents et ce, avec grande précision. De plus, elles offrent des possibilités non négligeables en planimétrie car il devient facile de mesurer des éléments linéaires ou de calculer des surfaces lorsque nous connaissons la dimension d'un **pixel**.

En somme, l'intégration des données de télédétection dans un **SIG** constitue un amalgame d'informations avantageux pour plusieurs utilisateurs.

## 2.4. Sur les assises scientifiques

### 2.4.1. L'énergie

Bien que la télédétection ne soit d'abord et avant tout qu'une série d'outils utilisés pour détecter à distance et identifier les objets, il n'en demeure pas moins qu'elle sert à capter des caractéristiques de ces objets qui, elles, nécessitent une connaissance scientifique de base. Ces connaissances, relevant en grande partie de la physique, vont de la simple définition de l'énergie à son interaction avec la matière.

Rappelons-nous d'abord que tout corps ayant une température supérieure à 0 K (-273,15 °C) émet de l'énergie et ce, dans toutes les directions sous diverses longueurs d'onde. Cette énergie radiante est émise selon la loi de Stefan-Boltzmann. La quantité est déterminée par la température du corps de la façon suivante :

$$M = \sigma T^4$$

où M = énergie émise par une surface (Wm$^{-2}$)

$\sigma$ = constante de *Stefan-Boltzmann*

(5,6697 x 10$^{-8}$ Wm$^{-2}$K$^{-4}$)

T = température absolue de la surface

Cette équation n'est valable que pour une surface qui se comporte comme un corps noir c'est-à-dire un radiateur parfait qui absorbe et qui réémet toute l'énergie incidente.

> **En réalité, un corps noir est une image théorique. Tous les objets terrestres se comportent comme des corps gris du fait qu'ils ne réémettent pas totalement l'énergie absorbée.**

Mathématiquement, la loi de Stefan-Boltzmann devient alors :

$$M = \varepsilon \sigma T^4 \qquad \text{où} \qquad \varepsilon = \text{émissivité du corps gris}$$

L'émissivité correspond au rapport entre l'énergie émise par une surface à une température donnée et l'énergie émise par un corps noir à la même température. Cette valeur (sans unité) peut varier de 0 à 1. À titre indicatif, une surface d'aluminium polie a une émissivité de 0,06 tandis que l'eau pure a une valeur de 0,98. Retenons de cette loi que, plus l'objet est chaud, plus il émet de l'énergie.

À partir du moment où un corps émet de l'énergie, il obéit aussi à des lois naturelles.

> **Pour la télédétection, il nous faut savoir d'abord que la radiation électromagnétique est une forme dynamique d'énergie qui ne se manifeste que dans son interaction avec la matière (base de la théorie électromagnétique du physicien écossais Maxwell).**

L'énergie est véhiculée par des ondes composées de deux vecteurs dont la direction de l'un est à la normale de l'autre. Le vecteur vertical représente le champ électrique et le vecteur horizontal, le champ magnétique. La figure 2.1 illustre une onde simple.

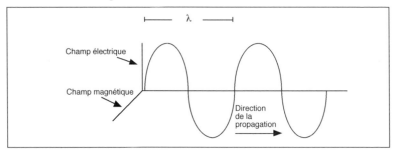

*Figure 2.1. : L'onde simple.*

À partir de cette figure, nous constatons que l'énergie électromagnétique voyage d'une façon harmonique et sinusoïdale, et ce, à la vitesse de la lumière. La fréquence (cycle/seconde) est liée à la **longueur d'onde** selon la loi générale de physique suivante :

$$c = \upsilon\lambda \qquad \text{où} \qquad \text{c = vitesse de la lumière}$$

$$\upsilon = \text{fréquence}$$

$$\lambda = \text{longueur d'onde}$$

Il est intéressant de constater que, plus la **longueur d'onde** est courte, plus la fréquence est élevée. De plus, la quantité d'énergie véhiculée est directement proportionnelle à la fréquence et donc inversement proportionnelle à la **longueur d'onde**.

> *De ces constatations basées sur les recherches de Planck, il importe de se rappeler que plus la longueur d'onde est grande, moins elle véhicule de l'énergie.*

Pour les objets terrestres, la source principale d'énergie est le Soleil. C'est à partir de ce corps céleste que nous poursuivrons l'apprentissage des bases physiques essentielles à la compréhension du signal reçu par télédétection. Le Soleil émet de l'énergie qui entre en contact avec la matière.

Son rayonnement incident est absorbé, réfléchi et transmis selon le premier principe de la thermodynamique qui s'exprime de la façon suivante :

$$\alpha(\lambda) + \rho(\lambda) + \tau(\lambda) = 1 \qquad \text{où} \qquad \alpha = \text{rayonnement absorbé}$$

$$\rho = \text{rayonnement réfléchi}$$

$$\tau = \text{rayonnement transmis}$$

$$\lambda = \text{longueur d'onde}$$

La loi de Kirchoff-Draper spécifie que l'émissivité spectrale d'un objet est égale à son absorptance. En conséquence, l'équation précédente devient :

$$\varepsilon(\lambda) + \rho(\lambda) + \tau(\lambda) = 1 \qquad \text{où} \qquad \varepsilon = \text{émissivité}$$

Selon Lillesand et Kiefer [39], pour la plupart des applications en télédétection, on assume que les objets étudiés sont opaques à la radiation thermique. En conséquence, nous pouvons écrire :

$$\varepsilon(\lambda) + \rho(\lambda) = 1$$

Les différents types d'énergie transportés par les ondes électromagnétiques peuvent être représentés sous forme d'un spectre, au même titre que la division de l'énergie d'une source lumineuse lorsqu'elle passe à travers un prisme. Dans la nature, l'énergie en présence dépasse nettement les ondes lumineuses. La figure 2.2 illustre la répartition des types d'énergie en fonction des longueurs d'onde.

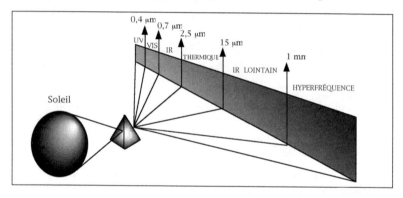

*Figure 2.2. : Un spectre électromagnétique simplifié.*

Sur cette figure, il est intéressant de noter qu'il existe plusieurs bandes spectrales utilisées en télédétection. Elles vont de l'ultraviolet aux hyperfréquences. Nous verrons plus loin comment l'atmosphère terrestre intervient au niveau de l'absorption et de la transmission de l'énergie incidente du soleil.

La loi de *Stefan-Boltzmann* nous indique que la quantité d'énergie émise par un corps varie en fonction de sa température. Il faut aussi mentionner que cette énergie n'est pas répartie de façon égale dans tout le spectre électromagnétique.

La loi de Planck détermine la distribution de l'émittance spectrale d'un corps noir en fonction de sa température. Elle peut s'écrire de la façon suivante :

$$M_\lambda = \frac{2hc^2\lambda^{-5}}{exp\left(\dfrac{hc}{k\lambda T}\right)\text{-}1}$$

où  $M_\lambda$ = énergie émise ($Wm^{-2}m^{-1}$) en fonction de $\lambda$

h = constante de Planck (6,62 X $10^{-34}$ Js)

c = vitesse de la lumière (2,998 X $10^8$ $ms^{-1}$)

$\lambda$ = longueur d'onde (m)

k = constante de *Boltzmann* (1,38 X $10^{-23}JK^{-1}$)

T = température absolue (K).

Il est possible d'en dériver la **longueur d'onde** où un corps noir émet un maximum d'énergie par la loi de Wien. Mathématiquement, elle s'exprime ainsi :

$$\lambda_m = A/T$$

où  $\lambda_m$ = longueur d'onde ($\mu$m)

A = constante (2898 $\mu$m K)

T = température (K)

Par cette loi, le Soleil, lorsque considéré comme un corps noir ayant une température de 5 900 K, émet un maximum d'énergie à une **longueur d'onde** de 0,49 $\mu$m. De même, la Terre (ayant une température moyenne de 300 K) le fait à 9,66 $\mu$m.

Sur la figure 2.3, nous illustrons l'énergie émise par deux corps noirs ayant une température similaire à celles du Soleil et de la Terre.

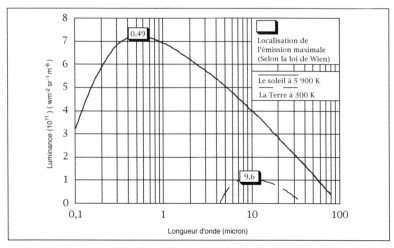

*Figure 2.3. : Distribution spectrale de deux sources d'énergie en fonction de la loi de Planck.*

> *Pour le Soleil, la loi de Planck nous permet de constater qu'une grande partie de sa puissance énergétique observable par télédétection est déployée dans les ondes réfléchies (ultra-violet, visible, proche infrarouge). Cette loi démontre cependant que, pour la Terre, la création d'énergie est beaucoup plus faible. Sa puissance maximale est présente dans l'infrarouge thermique.*

## 2.4.2. L'énergie incidente et la matière

### A) Le contact avec l'atmosphère

Le rayonnement solaire entre d'abord en contact avec l'atmosphère et, par la suite, avec la surface terrestre. Sur la figure 2.4, nous illustrons comment cette énergie se répartit. D'après Oke [48], l'atmosphère absorbe environ 25 % (20 + 5) du rayonnement incident et en réfléchit aussi 25 % (19 + 6). Pour la Terre, il y a une forte disproportion entre l'énergie absorbée (47 %) et réfléchie (3 %), même si l'albédo peut varier.

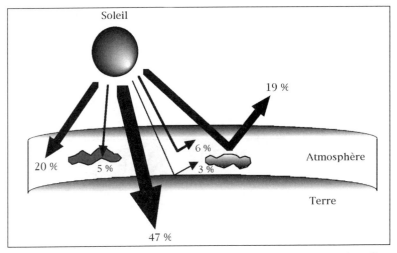

*Figure 2.4. : Représentation schématique du rayonnement solaire en contact avec la matière. Adapté de : Oke [47].*

Dans le contexte de la télédétection, nous devons comprendre d'abord quel rôle peut jouer l'atmosphère dans la perception du type d'énergie qu'elle absorbe ou transmet. Sur la figure 2.5, on indique ce que l'on peut percevoir comme énergie par l'intermédiaire de **fenêtres spectrales** présentées en blanc. Là, l'atmosphère est relativement transparente. Les zones grises correspondent aux espaces spectraux dont l'énergie est absorbée par les constituants atmosphériques mentionnés. L'atmosphère joue donc un rôle de filtre qui est parfois essentiel à la vie (absorption d'une grande partie des ondes UV), ou qui lui est parfois nuisible (augmentation de la rétention de gaz carbonique engendrant l'effet de serre).

Même s'il existe des **fenêtres spectrales** où l'énergie (le rayonnement) peut atteindre la surface terrestre, il reste que certains facteurs peuvent influencer la quantité d'énergie qui atteint le sol. En effet, il s'agit de l'épaisseur atmosphérique en fonction de l'angle solaire, de la quantité de vapeur d'eau et de gaz carbonique ainsi que de la présence d'aérosols.

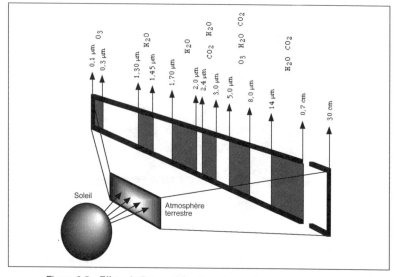

*Figure 2.5. : Effets de l'atmosphère terrestre sur le rayonnement solaire.
Identification des gaz d'absorption.*

Le rayonnement électromagnétique qui passe par les fenêtres subit des modifications de direction quand il entre en contact avec les molécules d'air ou de petites particules qui ont un diamètre nettement plus petit que la **longueur d'onde** qui véhicule le dit rayonnement. Ce phénomène est appelé diffusion de Rayleigh. Il s'atténue en fonction de l'altitude (puisque l'atmosphère y est de moins en moins dense) et de l'augmentation de la **longueur d'onde**. La manifestation la plus tangible de cette diffusion isotrope est le ciel bleu.

Elle est aussi présente dans des longueurs d'ondes un peu plus grandes lorsque l'énergie solaire doit traverser une colonne atmosphérique plus épaisse comme c'est le cas au crépuscule. À ce moment, le ciel a des **teintes** variant du rose à l'orange.

*En télédétection, la diffusion atmosphérique a comme conséquence néfaste d'atténuer les contrastes naturels entre les objets terrestres.*

Lorsque le rayonnement entre en contact avec des particules dont le diamètre voisine la **longueur d'onde** avec laquelle cette énergie est véhiculée, c'est la diffusion de Mie. Elle s'effectue dans une direction préférentielle voisine à la direction du rayonnement incident. On parle alors de diffusion anisotrope. Plus le volume de la particule est grand, plus l'intensité de la diffusion sera importante. La pollution au-dessus d'un milieu urbain en absence de vent est un exemple type de la diffusion de Mie. Elle est présente surtout dans les basses couches de l'atmosphère.

D'après Bonn et Rochon [11], à partir du moment où le diamètre des particules est nettement plus grand que la **longueur d'onde**, la diffusion n'est plus liée à cette dernière. Elle ne dépend plus que du diamètre des particules et de leur nombre par unité de volume. Les nuages blancs en sont un exemple typique.

## B) Le contact avec la surface terrestre

Lorsque le rayonnement incident entre en contact avec la surface terrestre, il est aussi absorbé, transmis ou réfléchi que ce soit pour la biosphère, la lithosphère ou l'hydrosphère.

> *En télédétection, nous obtenons des informations utilisables grâce à l'énergie réfléchie ou émise par les corps qui est détectée par un capteur.*

Nous savons maintenant que cette énergie est détectée grâce au fait que l'atmosphère en laisse passer une certaine quantité par des fenêtres et ce, dans différentes longueurs d'onde. La **longueur d'onde** véhiculant l'énergie réfléchie détectable ne dépasse pas 2,4 µm. Pour l'énergie émise, elle passe par les fenêtres situées entre 3 et 15 µm.

Enfin, il est possible de détecter l'énergie émise par les corps dans des longueurs d'onde plus grandes (hyperfréquences passives), mais elle est tellement faible que l'on a développé des émetteurs capables de produire de l'énergie d'une façon beaucoup plus utilitaire (hyperfréquences actives). Dans ce cas, il s'agit de rétrodiffusion et non d'**émission** pour la portion d'énergie qui entre en contact avec l'objet qui est détecté par un **capteur**.

Il est commun de lire que la majeure partie de l'information que nous obtenons de la Terre provient de la portion réfléchie ou rétrodiffusée de l'énergie incidente, qu'elle soit d'origine naturelle ou artificielle. La réflexion peut être de type spéculaire ou diffuse (voir figure 2.6).

Cela dépend de la rugosité de la surface. En effet, une surface parfaitement lisse engendre une **réflexion** spéculaire où l'**angle de réflexion** est égal à l'**angle d'incidence** du rayonnement. Dans le cas de toutes les autres surfaces, la **réflexion** est dite diffuse mais, avec des angles préférentiels qui dépendent de la variabilité de la rugosité de surface.

L'épiderme terrestre est constitué de surfaces lisses (ex : plan d'eau calme) et de surfaces à rugosité (ou **texture**) très variable. Un objet ayant une rugosité détectable et identique sur toute sa superficie exposée au rayonnement est considéré comme étant une surface lambertienne c'est-à-dire que la quantité d'énergie réfléchie par cet objet est égale dans toutes les directions.

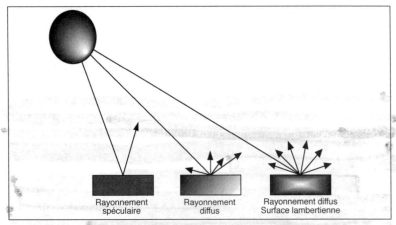

*Figure 2.6. : Réflexion du rayonnement incident.*

Lorsqu'elle est quantifiée, l'énergie réfléchie [ou le rayonnement réfléchi $\rho(\lambda)$] est appelée **réflectance** spectrale. Elle est l'expression du rapport entre l'énergie réfléchie et l'énergie incidente.

## C) L'information télédétectée

Rappelons d'abord que l'énergie incidente qui entre en contact avec la surface terrestre est en grande partie réfléchie ou absorbée et réémise en fonction de caractéristiques physico-chimiques et géométriques des objets qui la composent. Les **capteurs** spécialement développés pour acquérir cette information ne reçoivent pas que ce signal. Il nous faut prendre en compte que le signal traverse l'atmosphère avant d'atteindre ces **capteurs**. Elle rajoute son propre rayonnement à celui des objets terrestres télédétectés.

D'après Anderson et Wilson [1], dans les ondes courtes (visible et infrarouge réfléchi), la valeur de luminance apparente perçue au capteur s'exprime ainsi :

$$Ltot(h) = La(h) + \tau Ls(h)$$

où $L_{tot(h)}$ = luminance télédétectée à une altitude (h) $(Wm^{-2} sr^{-1})$

$L_a$ = luminance de l'atmosphère

$\tau$ = transmittance atmosphérique (sans unité)

$L_s$ = luminance de la surface

Dans les ondes longues (infrarouge thermique), Schott et Volchok [61] proposent la formulation suivante :

$$Ltot(h) = \tau(h)\varepsilon Lt(h) + \tau(h)\rho Ld(h) + Lu(h)$$

où $L_{tot(h)}$ = luminance télédétectée à une altitude (h) $(Wm^{-2} sr^{-1})$

$\tau_{(h)}$ = transmittance atmosphérique

$\varepsilon L_{t(h)}$ = luminance de l'objet en fonction de son émissivité et de sa température cinétique (K)

$\rho$ = luminance réfléchie de l'objet (1-e)

$L_{d(h)}$ = luminance hémisphérique (du ciel)

$L_{u(h)}$ = luminance de la colonne atmosphérique localisée entre l'objet et le capteur

La figure 2.7 illustre les différentes variables qui composent le signal reçu après le contact du rayonnement incident avec le sol.

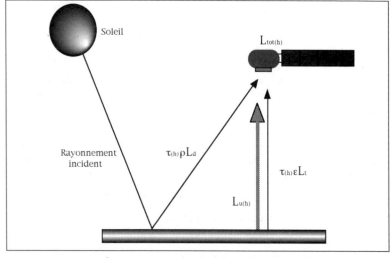

*Figure 2.7. : Énergie détectée par un capteur dans les ondes longues.*

Dans le cas des hyperfréquences passives, Bonn et Rochon [11] mentionnent que, pour une température inférieure à 300 K et une fréquence inférieure à 300 GHZ, nous pouvons utiliser une simplification de la formule de Planck afin de trouver la **luminance** des objets. Appelée la loi de Rayleigh-Jeans, elle s'exprime ainsi :

$$L_\lambda = \frac{2k\,T}{\lambda^2}$$

où      L = luminance $(Wm^{-2}sr^{-1}HZ^{-1})$

T = température du corps noir (K)

k = 1,38 x $10^{-23}$ $JK^{-1}$ (constante de Boltzmann)

En somme, d'après Meylan *et al.* [45], l'énergie émise par un corps noir dans le domaine des hyperfréquences passives est proportionnelle à sa température.

La quantité d'énergie émise pouvant être reçue au **capteur** dans ce domaine s'exprime par la **température** (**de brillance apparente**) d'un objet.

Elle est formulée de la façon suivante :

$$Tapp = \tau(\varepsilon T_O + \rho Tr) + (1 - \tau)Ts$$

où  $\tau$ = transmittance de l'atmosphère

$\varepsilon$ = émissivité de l'objet

$T_O$ = température absolue de l'objet

$\rho$ = réflectance de l'objet

$T_r$ = température équivalente de radiation incidente sur l'objet

$T_s$ = température absolue de la colonne atmosphérique située entre l'objet et le capteur

Dans le domaine des hyperfréquences actives (créées artificiellement par un **radar**), le rayonnement, dont la puissance est contrôlable, est reçu au **capteur**, non sans avoir subi des altérations parfois importantes. En effet, des facteurs tels que la **longueur d'onde**, la **polarisation** de l'onde, l'**angle de visée (angle d'incidence)**, la **résolution** spatiale, la **rugosité de surface**, la **profondeur de pénétration** et la **constante diélectrique** de l'objet influencent le signal reçu.

Pour ce qui est de l'atmosphère, son impact est en général minime. C'est ce qui rend actuellement l'utilisation des **images radar** plus attirante, surtout dans des régions où l'on a des conditions climatiques qui favorisent souvent la formation de nuages. Il faut parfois tenir compte que la présence de nuages denses, de précipitations sous forme liquide ou solide ainsi que de cristaux de glace en haute altitude peuvent perturber le signal reçu. Sur la figure 2.8, on indique comment ces phénomènes peuvent altérer la **transmittance** de l'atmosphère. Force nous est de constater que, même si l'adage dit que les ondes radar passent à travers les nuages et les intempéries, nous nous devons d'être prudents lorsque nous avons à interpréter des **images** acquises par ce mode. Une altération du signal est donc probable dans les bandes situées entre 1 et 10 cm de **longueur d'onde** lorsque les conditions climatiques sont mauvaises. On se sert d'ailleurs de **radars** au sol pour localiser les zones de précipitations importantes.

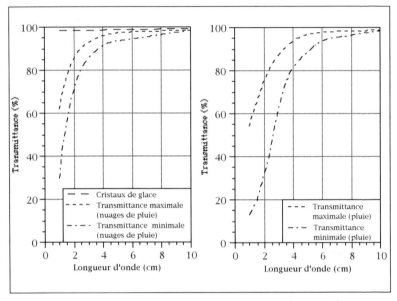

*Figure 2.8. : Effets de certains phénomènes climatiques dans les hyperfréquences. Adapté de Ulaby et al. [74].*

## 2.5. Sur les fenêtres spectrales

L'information acquise passe par différentes **fenêtres spectrales**. À l'aide des figures 2.2 et 2.5, nous avons constaté que l'énergie incidente (et réfléchie) traversait l'atmosphère par des **fenêtres** spécifiques. Voyons maintenant dans le tableau 2.3 à quoi peuvent servir celles qui sont les plus souvent utilisées en télédétection en fonction des trois principales composantes de la Terre. À cette fin, la fenêtre du visible sera divisée en deux parties, soit le bleu et le vert, et le rouge. Pour ce qui est de l'infrarouge, nous la diviserons en trois parties, deux dans l'infrarouge réfléchi et une dans l'infrarouge thermique. Enfin, nous y trouverons le domaine des hyperfréquences.

*Tableau 2.3. : Utilité et particularités des différentes fenêtres spectrales.*

| Fenêtre spectrale | Eau | Végétation | Surface minéralisée | Remarques |
|---|---|---|---|---|
| **Bleu** (0,4-0,5 µm) **Vert** (0,5-0,6 µm) | Possibilités de pénétration dans l'eau claire<br><br>Sensible à la densité de la matière en suspension et aux nappes de pétrole<br><br>Réflexion élevée pour la neige et la glace pure sauf pour la glace récente et peu épaisse | Absorption du rayonnement par la chlorophylle dans le bleu<br><br>Réflexion du rayonnement dans le vert (couleur des plantes) | Forte réflexion par temps sec | Présence de la diffusion de Rayleigh<br><br>Utile pour la correction des effets atmosphériques |
| **Rouge** (0,6-0,7 µg) | Sensible à la matière en suspension dans l'eau<br><br>Réflexion moyenne pour la neige et la glace. La glace pure. La glace récente est difficilement distinguable | Forte absorption par la chlorophylle<br><br>Utile pour la détermination de la biomasse | Forte réflexionn pour les surfaces sèches | Moins sensible aux effets de diffusion atmosphérique<br><br>Reconnaissance des grands ensembles de l'occupation/utilisation du sol |
| **Proche infrarouge** (0,7-1,1 µm) | Forte absorption du rayonnement dans l'eau claire ou faiblement turbide<br><br>Forte réflexion pour la neige sèche et la glace épaisse | Forte réflexion par la chlorophylle<br><br>Utile dans la détermination de la biomasse | Sensible à l'humidité en surface des sols<br><br>Effet d'ombrage accentué favorisant la reconnaissance des linéaments | Faible impact des effets de diffusion atmosphérique<br><br>Bon contraste naturel entre les objets (terre et eau) |

*Tableau 2.3. : Utilité et particularités des différentes fenêtres spectrales (suite).*

| | | | | |
|---|---|---|---|---|
| **Infrarouge moyen** **(1,55-1,75 µm)** **(2,10-2,35 µm)** | Forte absorption du rayonnement dans l'eau claire, faible-ment et moyennement turbide<br><br>Faible réflexion de la neige sèche et de la glace | Réflexion élevée jusqu'à 1,5 µm. Elle diminue par la suite<br><br>Sensible à la présence de l'eau dans les plantes | Meilleure distinction entre les différents niveaux d'humidité à la surface des sols<br><br>Différenciation entre les différents types de roches et de minéraux. On distingue les roches saines des roches altérées dans les longueurs d'onde supérieures à 2 µm | Insensible à la brume sèche et aux nuages minces de faible densité<br><br>Bonne distinction entre les nuages et la neige |
| **Infrarouge thermique** **(3,5-5 µm)** **(8-14 µm)** | Dynamique thermique à l'épiderme des masses d'eau (étude des courants et présence de matières polluantes)<br><br>Distinction entre l'eau, la neige sèche et la glace | Sensible aux varia-tions de température causées par le stress hydrique ou biologique<br><br>Utile dans l'étude des feux de forêt ou de brousse | Suivi d'activités volcaniques<br><br>Humidité des sols en surface et en profondeur (environ 1 m)<br><br>Détection de différen-ces lithologiques là où il y a affleurement | Peut être acquis le jour et la nuit<br><br>Détection de l'émission propre aux objets terrestres une heure avant le lever du Soleil<br><br>Présence de l'effet atmosphérique |
| **Hyper-fréquences** **(1-30 cm)** | Sensible à la rugosité (vagues, glace, neige)<br><br>Absorption du rayon-nement par la neige humide<br><br>Détermination de l'âge des glaces | Distinction de couverts végétaux ayant une rugosité particulière | Sensible à l'humidité des sols<br><br>Reconnaissance des grands ensembles structuraux et des linéaments | Peut être acquis le jour et la nuit avec ou sans présence de nuages<br><br>Sensible aux nappes de pétrole denses<br><br>Encore au stade expéri-mental pour plusieurs champs d'application |

# Chapitre 3
# L'objet d'étude : la Terre

*Découvrir, ce n'est pas seulement*
*trouver des choses nouvelles, mais c'est*
*aussi regarder les choses d'un œil neuf.*

**Mystères de l'Égypte**
**Musée canadien des civilisations**

Dans ce chapitre, nous explorerons les différentes avenues dans lesquelles la télédétection peut intervenir. Il faut se rappeler cependant que, pour obtenir des informations de qualité à partir des données de télédétection, des connaissances préalables sur le ou les phénomènes à observer et à analyser sont essentielles. Notre capacité d'analyse doit être empreinte de modestie. Mesurer la Terre dans toutes ses dimensions, ce n'est pas l'analyser. Souvent, l'intelligence ne suffit pas. Il faut la couvrir d'un tissu de savoir. Nous diviserons cette exploration des possibilités d'application de la télédétection en trois parties : le milieu naturel, l'espace construit et la dynamique spatiale de la Terre (espace-temps et environnement).

## 3.1. Le milieu naturel

Dans un langage que la télédétection peut comprendre, le milieu naturel se divise en quatre parties bien distinctes : l'atmosphère, l'hydrosphère, la biosphère et la géosphère. En d'autres mots, la télédétection peut enregistrer le signal reçu de la Terre du fait qu'elle est composée d'air, d'eau, de végétation et de minéraux. L'identification d'objets spécifiques nécessite des critères tels que la **signature spectrale**, la **texture**, la **forme** et l'**arrangement**.

Les composantes du milieu naturel ne sont pas cloisonnées et il arrive plus souvent qu'autrement que le signal reçu au **capteur** soit en fait un amalgame de ces composantes. Heureusement, il arrive souvent qu'une d'entre elles domine. C'est pourquoi nous pouvons faire une bonne distinction entre les objets de nature différente. Nous examinerons maintenant les composantes énoncées et nous verrons comment la télédétection peut nous aider à extraire des informations utiles pour la compréhension, l'analyse et l'interprétation de l'organisation spatiale.

### 3.1.1. Une géographie de la composante atmosphère

Ce qui nuit à l'un peut s'avérer être utile à l'autre. En effet, pour les analystes de la surface terrestre, la présence de nuages, de précipitations et d'une concentration plus ou moins grande de vapeur d'eau, de gaz carbonique ou d'aérosols est une nuisance car ces éléments les empêchent de percevoir le ou les objets d'intérêt d'une façon distincte. Pourtant, le premier satellite civil était destiné à l'étude du climat et aux prévisions météorologiques. En effet, les États-Unis ont lancé TIROS-1 (*Television Infrared Observation Satellite*) en avril 1960, soit 12 ans avant le premier satellite à vocation exclusive d'observation de la Terre. Depuis, d'après Verger [75], plus d'une centaine de satellites civils à vocation météorologique ont été lancés à travers le monde par les États-Unis, les pays d'Europe, la Russie, le Japon, l'Inde et la Chine. C'est sans doute le type de **plate-forme** le plus utilisé pour des fins appliquées. Comme on l'indique sur la figure 3.1, la Terre est entièrement couverte par des **satellites géostationnaires** localisés au-dessus de l'équateur. D'autres **satellites à défilement**, tels les NOAA (États-Unis) et les METEOR (Russie), couvrent aussi la Terre. Ils ont cependant une **résolution spatiale** plus fine et couvrent une superficie moins grande que celle détectée par les **satellites géostationnaires**. Ces satellites servent surtout à cueillir des informations brutes sur les grandes masses d'air, soit leurs caractéristiques physiques, leur dynamique et le suivi de phénomènes particuliers tels que les ouragans. En général, ils sont utilisés pour des fins de prévision météorologique.

Avec l'amélioration récente des technologies, ce genre d'information est maintenant accessible du bout des doigts. Des chaînes spécialisées de télévision ont même été mises en place depuis quelques années, confirmant ainsi l'importance de la météo dans la vie de tous les jours. Ces prévisions sont essentielles pour les agriculteurs, les pêcheurs, les navigateurs et les professionnels de la sécurité civile, notamment dans le contexte de prévision de catastrophes climatiques naturelles. Ce dernier point prend toute son importance aujourd'hui avec les grands dérangements engendrés par le phénomène El Niño. Ces prévisions sont aussi utiles dans les recherches fondamentales sur les masses d'air, leur contenu ainsi que leur comportement dans le temps et dans l'espace. Sans elles, il serait difficile de modéliser le mouvement des masses d'air et de réussir, avec une efficacité certaine, à prédire le temps cinq jours à l'avance. De plus, les résultats de ce type de recherche permettent d'éviter des conséquences dramatiques qu'engendrent les phénomènes naturels tels les ouragans. Nous pouvons maintenant en effet estimer les probabilités de la zone qui sera touchée et du moment d'impact de ce genre de perturbation.

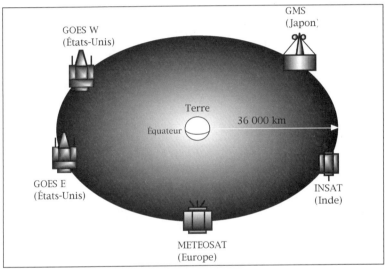

*Figure 3.1. : Satellites à vocation météorologique couvrant la Terre.*
*Source : Adapté de Verger [75].*

*L'utilité des données de télédétection dans l'étude de l'atmosphère est démontrée depuis plusieurs années. Non seulement elle nous aide à mieux la connaître, la comprendre et prévoir les conditions climatiques, mais la télédétection devient aussi une manière indispensable de percevoir la météorologie au quotidien.*

À l'aide de logiciels appropriés, d'informations connexes enregistrées par des **capteurs** non imageurs, de données acquises sur terre et par l'intermédiaire de ballons-sonde, les satellites peuvent, entre autres, aider à déterminer les éléments suivants :

| Atmosphère | Nuages |
|---|---|
| Bilan radiatif | Répartition, densité, type et structure |
| Températures moyennes et isothermes | Composition des couches supérieures |
| Vitesse et direction des vents | (cristaux de glace, gouttes de pluie) |
| dans la troposphère | Distinction entre nuages de pluie et |
| Profils d'humidité | ceux qui contiennent des cristaux de glace |
| Teneur en ozone | Albédo au sommet des nuages |
| Indices d'ensoleillement | Hauteur et température au sommet |
| | Teneur en eau |
| | Localisation et intensité des précipitations |
| | Détection de bancs de brume |
| | Détection de nuées volcaniques et |
| | de fumée de feux |
| | Détection de sources visibles de |
| | pollution industrielle |

En climatologie et en météorologie, la télédétection sert enfin à identifier des phénomènes tels que les fronts chauds ou froids, les courants-jets et le développement de dépressions intenses qui engendrent parfois des tornades, des ouragans, des cyclones ou des typhons. Sur la figure 3.2, nous pouvons constater l'intensité d'une dépression qui a occasionné des pluies torrentielles et des inondations majeures vers le milieu du mois de juillet 1996 dans la région du Saguenay-Lac-Saint-Jean, au Québec. Communément appelée «La Virgule», cette dépression aura laissé plus de 200 mm de pluie dans la région mentionnée après son passage, occasionnant ainsi des inondations peu communes qui ont rappelé brutalement à l'être humain les droits et privilèges de la nature. Sur la figure 3.3, nous illustrons le suivi spatio-temporel de l'ouragan *Emily* qui a frappé la côte est des États-Unis d'Amérique il y a quelques années. En une journée, il s'était déplacé d'environ 60 km vers le nord-ouest. Fait à noter, nous observons sur cette figure une circulation d'air allant dans le sens anti-horaire, situation typique dans l'hémisphère nord.

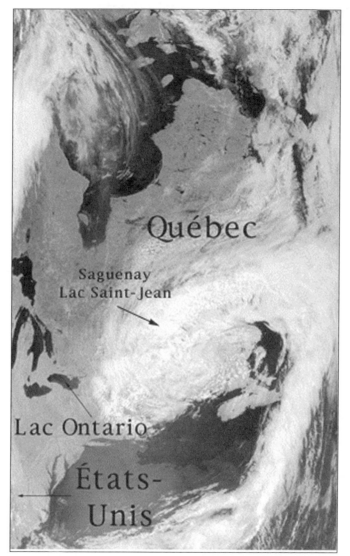

Figure 3.2. : Image du capteur AVHRR du satellite météorologique NOAA acquise le 20 juillet 1996 illustrant « La Virgule », une intense dépression qui aura occasionné pluies diluviennes et inondations.
Source : STAR/IMSAT. Université du Québec à Chicoutimi.

*Figure 3.3. : Séquence d'images provenant du capteur AVHRR du satellite météorologique NOAA qui montre l'évolution dans l'espace et dans le temps de l'ouragan Emily, entre le 31 août (à gauche) et le 1er septembre 1993 (à droite).*
*Source : STAR/IMSAT. Université du Québec à Chicoutimi.*

Les **capteurs** SMRR des satellites Nimbus et VHRR-AVHRR des satellites NOAA ont contribué, à l'aide de données *in situ*, à appréhender et à comprendre le comportement et les conséquences du phénomène El Niño. Comme nous le savons maintenant, ce phénomène peu banal figure parmi les processus naturels qui altèrent singulièrement l'équilibre climatique de plusieurs parties du monde.

Bien qu'elle soit d'abord d'origine atmosphérique, une des manifestations de « L'Enfant Jésus » (traduction française de El Niño) est la modification significative de la température de surface des océans.

Il s'agit là d'un excellent exemple de l'interaction entre l'atmosphère et l'océan ainsi que de leurs effets combinés sur le climat. Sur la figure 3.4, nous constatons comment cette manifestation était présente en décembre 1982 (a) et en septembre 1997(c).

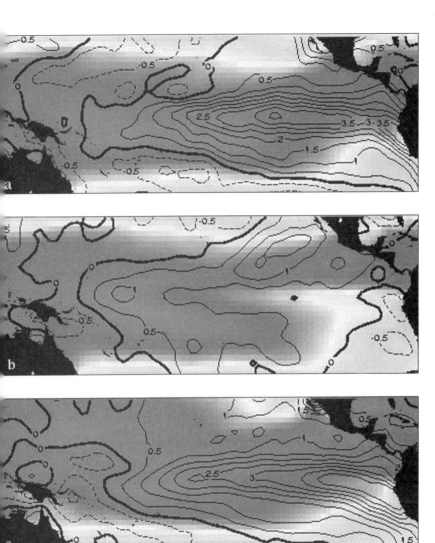

Figure 3.4. : Comportement des températures de surface du Pacifique équatorial conséquentes au
phénomène El Niño pour les mois de décembre 1982 (a) et septembre de 1997 (c). L'image (b)
correspond à une normale en décembre 1993.
Adapté et modifié de : ESS/USRA Université de Floride et NOAA (Product Systems Branch).

Les isothermes correspondent aux valeurs de température (°C) supérieures (lignes continues) ou inférieures (lignes discontinues) à une moyenne de 30 ans. En les comparant à la situation présentant des conditions climatiques normales (b), force nous est de constater l'ampleur des conséquences du phénomène sur les températures. Nous observons une augmentation allant jusqu'à 4 °C par rapport à la normale pour les événements de 1982 et de 1997.

## 3.1.2. Une géographie de la composante hydrique

L'eau, essentielle à toute forme de vie sur la Terre, est devenue avec le temps une ressource épuisable. Pour l'être humain, le problème fondamental est que sa répartition dans le temps et dans l'espace est loin d'être uniforme. En poussant à l'extrême, nous constatons que, d'une part, des secteurs de la Terre subissent des inondations dévastatrices et, d'autre part, des territoires sont aux prises avec des sécheresses qui durent depuis 25 ans. Dans des conditions climatiques exceptionnelles telles que celles provoquées par le phénomène El Niño, la présence et l'absence d'eau frappent parfois durement des régions.

On constate des catastrophes naturelles allant des inondations jusqu'aux feux de forêt dans les endroits habituellement épargnés. C'est le cas respectivement de la Californie et de la Floride, aux États-Unis. En effet, la Californie a subi de fortes pluies causant notamment des inondations durant l'hiver de 1997 et le printemps de 1998 alors qu'à l'été de 1998, le nord de la Floride était marqué par des incendies de forêt majeurs facilement détectables par les satellites météorologiques.

> *Il importe donc d'assurer le suivi de la dynamique de l'eau, de sa répartition spatiale et de sa qualité. La télédétection permet de le faire grâce à la diversité des plates-formes et des capteurs en opération ainsi que des banques d'images archivées qui sont disponibles par l'intermédiaire d'agences publiques et privées.*

Plus spécifiquement, la télédétection peut être utile dans la détection, la classification et l'analyse des éléments suivants :

| Surfaces marines | Surfaces terrestres |
|---|---|
| Dynamique et anomalies thermiques à la surface de l'eau | Inventaire des ressources en eau (bassins et réseaux hydrographiques) et dynamique des changements |
| Dynamique des courants marins | |
| Patron des vagues et vents de surface | Dynamique et cartographie des crues, |
| État et la dynamique des glaces (incluant la banquise et les icebergs) | des inondations et de leurs conséquences sur le territoire |
| État et dynamique de la turbidité près des côtes | Aide à la localisation des sites de forages pour l'eau souterraine par l'intermédiaire |
| Localisation de certaines formes de pollution en surface | des linéaments géologiques |
| | Sélection de sites favorables à l'érection de barrages |
| | Détermination de terres agricoles à irriguer ou à drainer |
| | Localisation des zones d'érosion hydrique |
| | Turbidité et sédimentation des rivières et des lacs |
| | Suivi du couvert neigeux et dynamique de la fonte nivale printanière par l'hydraulicité |

## A) Les surfaces marines

L'eau occupe en effet près des trois quarts de la Terre. De la perception ponctuelle des caractéristiques de l'eau à partir de données *in situ* provenant de navires ou de bouées, nous sommes passés à une vision synoptique de l'objet dans le temps et dans l'espace par l'intermédiaire des **capteurs** satellitaires. Bien que les **plates-formes,** telles que les NOAA et les METEOSAT, soient destinées à la météorologie, les observateurs et les chercheurs ont vite perçu leur utilité pour la gestion et la surveillance des grands plans d'eau. Comme pour le cas de la végétation, il faut noter ici la complicité nécessaire entre les données de terrain et celles acquises par télédétection.

Les océanographes utilisent les données satellitaires afin d'observer et de comprendre les phénomènes dynamiques qui se produisent dans la partie superficielle des grandes masses d'eau. Il faut cependant noter une contrainte importante : la présence de nuages. La venue des données **radar** en télédétection élimine ce problème car, normalement, cette forme de rayonnement artificiel n'est pas absorbée ou réfléchie par les nuages. De plus, elle n'a pas besoin de la lumière du jour pour éclairer les objets d'intérêt. Nous verrons plus loin que son utilisation apporte cependant des problèmes d'interprétation particuliers.

Pour l'instant, l'étude des grandes étendues d'eau peut se réaliser entre autres à l'aide d'**images** que l'on peut donc acquérir même s'il y a un couvert nuageux. Sur la figure 3.5, nous mettons l'accent sur ce type d'**images**. Il s'agit en effet de données provenant du **capteur** RSO (Radar à synthèse d'ouverture) installé sur le satellite canadien Radarsat-I. Elles ont été acquises le 6 mars 1996 et montrent un phénomène particulier dans une partie de l'Amérique du Nord. Il s'agit des glaces marines que l'on trouve dans le golfe du Saint-Laurent, au Canada, à cette époque de l'année. Sur cette **image**, les secteurs terrestres apparaissent en **teintes** claires et les zones plus grises correspondent à l'eau dans son état liquide (**teinte** très foncée) et dans son état solide (**teinte** grise, de foncé à pâle). Les informations extraites de ces documents visuels servent à la Garde côtière canadienne pour la planification et le déploiement des brise-glaces (voir carton sur l'image) et pour diriger les navires dans le golfe du Saint-Laurent.

Pour la gestion et la surveillance des grandes étendues d'eau, il est aussi possible de détecter des phénomènes comme des sources de pollution telles que des nappes d'huile à la surface de l'eau. Dans la plupart des cas, il s'agit de déversements accidentels. Nous sommes sensibles à ces préoccupations et il est normal de considérer la détection et le suivi de ces nappes comme des priorités. Sur la figure 3.6, nous pouvons voir, à l'aide des **images radar**, des nappes d'huile de deux sources différentes : la a) correspond à des fuites naturelles d'huile tandis que la b) est originaire d'un déversement accidentel par un navire. Elles s'identifient grâce à leur **teinte** foncée sur fond gris. L'huile a pour effet de rendre la surface d'eau plus lisse, donc génère une rétrodiffusion plus simple. Notons que les deux **images** de cette figure n'ont pas la même **résolution** spatiale. Celle de l'image a) est d'environ 9 m tandis que celle de l'image b) est de 25 m de côté. C'est pourquoi nous trouvons plus de détails sur la première.

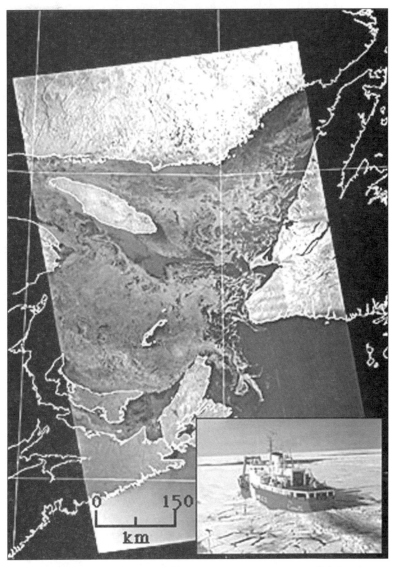

*Figure 3.5. : Image acquise par le RSO de Radarsat-I qui montre son utilité dans la ges-
tion et la surveillance des glaces de mer.
Source : Agence spatiale canadienne Centre canadien de télédétection.
Radarsat international [14].*

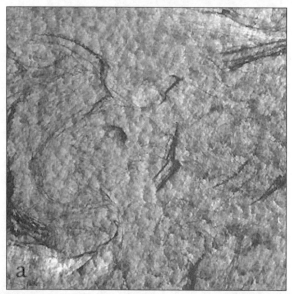

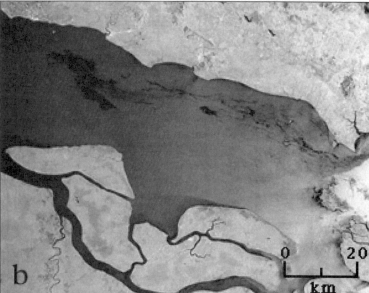

Figure 3.6. : Images provenant du RSO du satellite Radarsat I. Elles présentent a) le Golfe du Mexique le 14 février 1996 et b), le détroit de Malacca, près de la Malaisie le 26 octobre 1997. La source polluante se distingue par sa teinte foncée.
Source : Agence spatiale canadienne. Centre canadien de télédétection. Radarsat international [14].

## B) Les surfaces terrestres

Grâce aux figures 3.2 et 3.3, nous avons vu comment il était possible d'évaluer la dimension et l'intensité de certains phénomènes climatiques et de les suivre dans l'espace et dans le temps. L'impact de ces phénomènes sur le milieu terrestre est cependant moins évident, non seulement à l'**échelle** des **images** AVHRR de NOAA, mais aussi en fonction des conditions nuageuses qui prévalent souvent dans des environnements climatiques de type froid-tempéré-humide. Dans ce contexte, il devient pertinent d'utiliser les données **radar**.

La figure 3.7 est un exemple typique des possibilités d'évaluation de l'impact de pluies torrentielles sur le territoire. Il s'agit d'une inondation exceptionnelle qui origine du débordement de la rivière Rouge, au Manitoba. Elle a dévasté une région plane sur une largeur allant jusqu'à 40 km et a provoqué l'évacuation de 100 000 personnes. Devant l'ampleur du phénomène, on la surnomma la « Mer Rouge ». Cette « mer » était localisée immédiatement au sud de la ville de Winnipeg, capitale de cette province canadienne, et s'étendait jusqu'au sud de la frontière canado-américaine. Dans cet exemple, les **images** acquises par le **capteur** RSO du satellite Radarsat-I illustrent la région du village de Morris avant (a) et durant l'inondation (b). L'énergie émise par le radar a comme particularité d'être absorbée par l'eau, ce qui explique la **teinte** à dominante foncée de l'image (b). Les **teintes** plus pâles correspondent aux zones non touchées. Notons que la photographie aérienne (c) confirme que les environs immédiats du village de Morris ont été épargnés grâce à l'érection d'une digue. Sur l'**image** satellitale b), cette limite de forme rectangulaire est bien visible autour du village. D'autres secteurs ont été épargnés grâce à la topographie locale. Notons entre autres les levées alluviales de la rivière Rouge qui s'orientent visuellement vers le nord nord-est.

Ces quelques exemples montrent l'utilité de la télédétection **multibande** pour l'identification et l'évaluation des conséquences de phénomènes parfois catastrophiques liés à la nature ou à l'action humaine sur le milieu, tant pour l'aspect des grandes surfaces océaniques que pour les eaux intérieures.

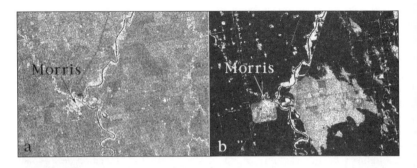

*Figure 3.7. : Images présentant une inondation majeure qui s'est produite au printemps de 1997, au Manitoba, Canada.*
*Les images a) et b) proviennent du capteur RSO de Radarsat I.*
*Elles datent respectivement du 16 juin 1996 et du 1er mai 1997.*
*L'image c) a été acquise par avion le 26 avril 1997.*
*Source : Agence spatiale canadienne. Centre canadien de télédétection.*
*Radarsat international [14].*

### 3.1.3. Une géographie de la composante végétale

La végétation est une ressource renouvelable qui, avec l'eau, suscitent beaucoup d'intérêt auprès des développeurs, des gestionnaires et des protecteurs du territoire. Les forestiers, par exemple, figurent parmi les premiers utilisateurs de photographies aériennes et d'**images** acquises par satellite pour la gestion, l'inventaire et l'évaluation des dommages originant de causes naturelles ou autres. Par contre, la végétation est aussi les formations herbacées naturelles et les cultures agraires. Dans ce cas, la télédétection est utile dans le cadre des inventaires, du suivi, de l'évaluation en superficie et en qualité ainsi que des prévisions de rendement des cultures. Le développement de plus d'une quarantaine d'indices de végétation depuis les travaux de Tucker [73] est indicateur de la préoccupation qu'ont les chercheurs et les utilisateurs face à la végétation.

L'intérêt de la télédétection appliquée à la végétation s'est d'abord manifesté pour des raisons économiques et environnementales. En effet, les décideurs ont toujours souhaité obtenir des informations fiables sur la production agricole à l'**échelle** du globe. Avec les satellites et les **capteurs multibandes**, il est possible de bien distinguer certains types de culture essentiels à la nutrition des êtres vivants. De plus, la régularité de passage des satellites permet le suivi spatio-temporel à court, moyen et long termes. Il est donc réaliste de penser à effectuer des analyses de rendement. Dans un autre ordre d'idées, la télédétection aura contribué, en grande partie grâce au **radar**, à la sensibilisation des peuples au phénomène mondial de la déforestation. Encore une fois, cette vision synoptique procure à la télédétection ses lettres de noblesse en tant qu'outil parfois (et de plus en plus) indispensable pour la gestion et la surveillance du territoire.

> *En bref, grâce à des capteurs installés sur des satellites tels les Landsat, SPOT et NOAA, il est donc possible d'obtenir des informations utiles à propos de la détection, de l'identification, de l'état, de l'inventaire et du suivi de la végétation sur une base temporelle de plus de 25 ans et ce, de l'échelle continentale à l'échelle locale.*

Plus spécifiquement, les **images** satellitaires peuvent être utilisées aux fins suivantes dans le domaine de la végétation :

| Forêt | Végétation herbacée naturelle | Végétation herbacée cultivée |
|---|---|---|
| Cartographie des types, de leur âge et de leur densité Suivi de la croissance et de l'état de santé (incluent les infestations) Suivi des coupes légales et illégales Suivi de la déforestation et de la régénération Suivi des feux, des infestations et des maladies Évaluation de superficies | Cartographie des essences Suivi de la croissance et de l'état de santé Valeur pastorale d'une superficie Étude d'impact des feux de brousse Détection et analyse des milieux humides Suivi de l'action humaine et conséquences sur le milieu Évaluation de superficies Dynamique spatiale | Cartographie des zones cultivées et des friches Suivi de la croissance et de l'état de santé Prévisions sur le rendement des terres, l'estimation des récoltes, l'évaluation du prix de produits agricoles Dynamique temporelle de l'occupation du sol Évaluation de superficies couvertes par différentes cultures |

De toutes les préoccupations les plus importantes pour l'avenir de l'humanité, il en ressort une primordiale : celle de la rivalité entre les besoins pour la subsistance des êtres humains à court et à long termes. Pour le court terme, cela s'exprime par la vente des richesses naturelles, de leur utilisation pour se chauffer, s'abriter et se nourrir. Pour le long terme, le vocabulaire change et devient plus nuancé. On parle de **développement durable**. Ce débat sur le mode d'exploitation des richesses naturelles est loin d'être terminé. Les alertes, telles que celles qui ont été déclenchées avec le Sommet de la Terre de Rio sur la déforestation et la désertification, commencent à sensibiliser les autorités politiques et publiques à l'**échelle** du globe sur l'action humaine qui a créé et qui crée des impacts (parfois négatifs) maintenant mesurables.

Un des exemples frappants est l'utilisation de l'indice normalisé de végétation NDVI (Normalized Difference Vegetation Index) sur le continent africain afin de déterminer la dynamique de la végétation et de la désertification dans les pays limitrophes aux grands déserts et ce, à différentes échelles temporelles.

Sur la figure 3.8, nous pouvons observer le comportement de la végétation par l'intermédiaire du NDVI à quatre moments d'une année. La **teinte** varie du pâle (présence de végétation) au foncé (absence de végétation). La migration du front végétal est évidente entre septembre et décembre : il se déplace sur une distance de 1 200 km, vers le nord.

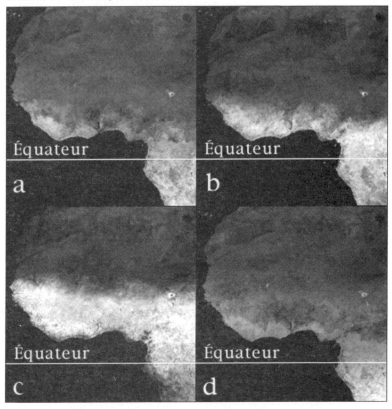

*Figure 3.8. : Dynamique de la végétation dans la portion ouest de l'Afrique équatoriale en 1987 : a) février, b) mai, c) septembre et d) décembre. Source : NOAA/Global Change Database.*

En foresterie, la télédétection intervient surtout à l'échelle régionale pour le suivi d'événements naturels ou anthropiques. Par exemple, il devient aisé de suivre dans le temps les coupes forestières et d'évaluer leur superficie. Sur la figure 3.9, il est possible de détecter une zone de coupe complète. La **signature spectrale**, la **texture** et l'**arrangement** sont très distincts par rapport aux secteurs non altérés et nous pouvons même observer les chemins ou sentiers qui sont empruntés par la machinerie lourde destinée à cette forme de déboisement. C'est par la variation spectrale dans la bande rouge du spectre électromagnétique qu'il est possible de clairement distinguer les zones coupées du reste des composantes du paysage. Sur cette image, elles sont détectables à cause de l'absence de chlorophylle aux endroits coupés. Elles correspondent aux zones de teinte pâle sur la figure. Les chemins sont caractérisés par leur disposition en lacet. De plus, ils sont facilement visibles à cause de la forte réflectance des matériaux terreux dont ils sont constitués.

Avec l'arrivée imminente des **capteurs** à haute **résolution**, les **images** satellitales offriront un potentiel d'utilisation fort élevé dans le domaine de la végétation. Déjà, plusieurs laboratoires et instituts de recherche ont entamé des expérimentations à l'aide de simulations afin de pouvoir évaluer la pertinence de ce genre de document. Le Gouvernement canadien, par l'intermédiaire du Centre de foresterie du Pacifique, a mis sur pied une méthode d'interprétation automatique des **images** aériennes numériques et satellitales à haute **résolution** spatiale (0,3-1 m). Cette approche se base sur des données multisources et a pour but d'inventorier les peuplements forestiers. Sur la figure 3.10, on présente une vision schématique de la démarche proposée.

Pour la végétation herbacée, la télédétection trouve son efficacité en matière d'application aux **échelles** régionale et surtout locale. Il existe cependant une condition préalable à cette efficacité : l'acquisition et l'utilisation de la télédétection doivent encore être combinées à des relevés de terrain et à des photographies aériennes. Cette condition demeure, même si nous sommes à l'aube d'une nouvelle génération de **capteurs** satellitaires à haute **résolution**. Seule l'utilisation des photographies aériennes pourrait être grandement diminuée. Dans une étude réalisée par Grenier *et al.* [32], des données aéroportées numé-

*Figure 3.9. : Exemple de coupes forestières dans un secteur boisé de la région de Charlevoix, au Québec, en fin d'été (Image TM3 de Landsat-5, septembre 1989).*

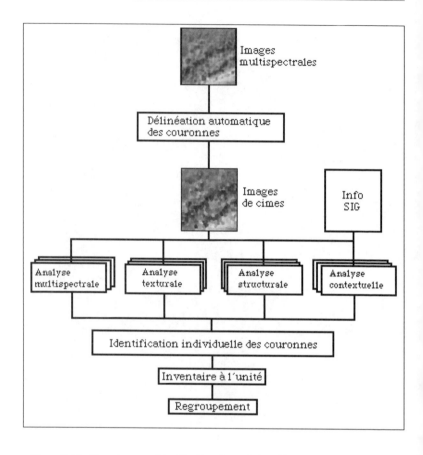

Figure 3.10. : Organigramme identifiant les étapes à franchir dans une démarche d'inventaire forestier à partir de données de télédétection à haute résolution. Adapté de : Service canadien des forêts, Centre de foresterie du Pacifique.

riques ayant une **résolution** spatiale de 7 m ont été acquises dans le but de caractériser certains milieux humides localisés le long du fleuve Saint-Laurent, au Québec. Les auteurs en arrivent à la même conclusion en ce qui a trait à l'efficacité de ces données télédétectées. Outre l'intérêt informatif de cette recherche, elle a comme particularité de présenter une légende raffinée incluant la végétation herbacée qui peut servir d'exemple pour les prochains travaux qui utiliseront des données provenant de **capteurs** satellitaires à haute **résolution** spatiale. À titre indicatif, nous présentons une partie de la légende accompagnant la cartographie de ces milieux humides à l'**échelle** locale :

- – eau libre ;
- – eau libre peu profonde sur fond minéral ;
- – herbier aquatique à végétation submergée ;
- – herbier aquatique à végétation submergée à myriophylle et élodée ;
- – herbier aquatique à végétation submergée à myriophylle ;
- – herbier aquatique à végétation à feuilles flottantes ;
- – marais profond à typha ;
- – marais profond à sagittaire ;
- – marais peu profond à scirpe fluviatile ;
- – prairie humide à graminées hautes ;
- – prairie humide à graminées basses ;
- – prairie humide à pissenlit officinal ;
- – marécage arboré.

Une des conclusions de cette étude est que ces données, ayant une **résolution** spatiale de 7 m, permettaient une information fine cartographiable à l'**échelle** du 1 : 20 000. On note aussi que l'acquisition et le traitement d'**images** numériques, pour une cartographie comparable à celle faite par photo-interprétation avec validation au sol, revenaient à un coût dix fois moindre pour une étude à l'**échelle** régionale.

La télédétection aura aussi été utile dans l'évaluation et l'expérimentation de mesures de protection contre la dégradation des sols dans des bleuetières

(Lemieux *et al.* [37]). Avec des **photographies** aériennes numérisées, on a pu constater visuellement et quantitativement cette dégradation des sols. En effet, les superficies dénudées de sols ont plus que triplé entre 1976 et 1989, passant de 156,7 ha à 478,6 ha. Il a été aussi possible de noter que certaines bleuetières étaient plus affectées que d'autres et qu'il fallait y apporter de façon toute particulière des mesures correctives.

La diversité des **plates-formes** et des **capteurs** actuellement disponibles, l'arrivée du **capteur** VÉGÉTATION sur le nouveau satellite européen SPOT-4 ainsi que le développement technologique lié au raffinement des **résolutions** spatiales et spectrales des **capteurs** font en sorte que la télédétection est vouée à un avenir prometteur en tant qu'outil d'appréhension et, indirectement, de compréhension de la végétation terrestre et ce, à toutes les **échelles**.

### 3.1.4. Une géographie de la composante minérale

Dans cette partie, nous nous préoccupons de l'environnement minéral tant au plan de son contenu (où domine l'aspect géologique) que de son contenant (où domine l'aspect géomorphologique). Ces importants secteurs des sciences de la Terre peuvent être appréhendés à la condition de pouvoir détecter de la façon la plus directe possible la **signature spectrale** des sols ou des composantes du substratum rocheux, ainsi que les caractéristiques géomorphologiques du paysage (avec ou sans l'effet de stéréoscopie). Souvent, nous sommes limités dans notre étude par l'occupation du sol sur le territoire analysé. D'après Williams Jr [77], la télédétection de la composante minérale a longtemps été dominée par l'utilisation de la photographie aérienne. Encore aujourd'hui, plusieurs chercheurs s'y réfèrent très souvent. Il faut de plus noter que, dans plusieurs pays, la photographie aérienne est encore considérée comme un document militaire et donc difficilement disponible pour des fins d'utilisation civile, contrairement aux **images** satellitales.

L'intérêt pour les **images** satellitales a débuté avec les vols habités au début des années 1960 soit avec la mission Mercury, aux États-Unis. Selon Lowman [41], des photographies prises avec des caméras portatives 70 mm sont rapidement devenues une nouvelle méthode d'étude pour les chercheurs en sciences de la Terre. Il en fut de même pour les informations acquises lors des missions *Gemini*, *Apollo* et *Skylab*. Du côté soviétique, les **plates-formes** *Salyut* et *Soyuz* ont joué le même rôle.

Cependant, les photographies avaient, dans la plupart des cas, une vision oblique ou panoramique de la Terre, limitant ainsi leur utilisation sur une base opérationnelle. À la figure 3.11, nous illustrons un exemple typique d'**image** obtenue à partir d'une capsule spatiale habitée. Ici, il s'agit de Gemini-4.

*Figure 3.11. : Photographie panoramique de la partie sud de la péninsule arabique prise le 21 juin 1965. En avant-plan nous trouvons le plateau Wadi Hahramaut et, en arrière-plan, le golfe d'Aden masqué partiellement par des nuages (en blanc).*
*Source : NASA/ Mission Gemini-4.*

Ce n'est que lors de la mission Apollo-9, en mars 1969, qu'a débuté l'ère de l'utilisation des données de télédétection spatiale grâce à l'installation de caméras multibandes spécifiquement fabriquées pour répondre à des besoins de télédétection pour les sciences de la Terre. Ces expériences, jumelées avec les quatre missions de Skylab, ont pavé la voie au développement des capteurs pour le programme Landsat.

Les avantages multiples de Landsat en matière de répétitivité, de vision synoptique, de superficie couverte et d'acquisition de données en mode multibande auront tôt fait de séduire notamment les géologues et les géographes physiciens. L'intérêt grandissant pour cette approche est on ne peut mieux représenté dans des ouvrages de référence publiés dans les années 1970. Depuis, de nombreux ouvrages spécialisés ont été édités. Ils ont été alimentés par l'acquisition, le traitement et l'analyse de nouvelles **images** provenant de nouvelles **plates-formes** et de nouveaux **capteurs** de type **multibande**. Ils obtiennent de l'information tant dans le domaine du visible que dans celui de l'infrarouge et des hyperfréquences. De plus, le développement de capteurs radar (hyperfréquences actives) installés d'abord sur des **plates-formes** satellitaires, comme le Seasat en 1978 ou comme la navette spatiale *Columbia* en 1981, aura grandement contribué à l'augmentation de l'intérêt par rapport à la télédétection. En effet, ce type de **capteur**, rappelons-le, peut enregistrer des informations de la Terre le jour ou la nuit et ce, même en présence d'une couche nuageuse. Enfin, depuis la mise en orbite des satellites du programme européen SPOT, en 1986, il est possible de voir la Terre en trois dimensions. Nous verrons dans le prochain chapitre les **plates-formes** et les **capteurs** qui ont été développés et utilisés depuis 25 ans.

*En fait, les capteurs installés sur les plates-formes satellitaires permettent de détecter des informations aux échelles continentale, régionale ou locale utiles sur la géologie et la géomorphologie et ce, tant pour leurs aspects dynamiques que statiques.*

Plus spécifiquement, les satellites d'observation de la Terre peuvent être utilisés pour les aspects suivants en sciences de la Terre :

| Structural | Lithologique | Catastrophes naturelles | Morphologique |
|---|---|---|---|
| Reconnaissance des linéaments Stratégie d'échantillonnage sur le terrain Reconnaissance et cartographie des grandes unités structurales | Détermination de la **signature** des minéraux Recherche de gîtes minéraux Cartographie des formations géologiques Stratégie d'échantillonnage sur le terrain Détection d'indices de localisation de nappes de pétrole ou de gaz naturel | Volcanisme Détection d'indices et conséquences de tremblements de terre Détection de zone de glissement de terrain et de leurs conséquences Détection d'effondrement dans des milieux karstiques et suivi temporel | Compartimentation du paysage Suivi dans le temps et dans l'espace des phénomènes dynamiques |

Il est normal qu'une première utilisation des **images** satellitales soit liée aux linéaments : c'est que la reconnaissance d'éléments linéaires est directe et non déduite. Notons cependant que l'identification des linéaments n'est pas automatique. Une phase d'analyse et d'interprétation est nécessaire. La vision synoptique que l'on obtient des **images** comble un besoin flagrant de perspective et de vision du terrain sous un angle différent et nécessaire : la vision verticale. Avant la venue des satellites, les chercheurs avaient vite compris l'utilité de la photographie aérienne dans ce sens. Cependant, cette dernière ne pouvait, à moins de réaliser des mosaïques parfois coûteuses et de grande dimension, avoir une vision d'ensemble aussi complète à l'**échelle** régionale. Dans des pays de grande superficie comme le Canada, cette **échelle** est souvent privilégiée.

Comme le mentionnent De Sève *et al.* [18], il est d'ores et déjà établi que, comme dans d'autres disciplines, un décloisonnement des informations et une orientation nette vers l'intégration de données multisources sont nécessaires.

Pour l'aspect structural, l'intégration des données de la télédétection, de la géophysique et de la topographie facilite l'appréhension et la compréhension des aspects structuraux de la Terre.

La reconnaissance des linéaments par télédétection a eu des répercussions positives sur la recherche fondamentale au niveau structural dès le début de l'utilisation des satellites vers le milieu des années 1970. En effet, Williams Jr. [77] souligne que les observations directes à partir d'**images** acquises par télédétection ont permis de repenser certains concepts morphotectoniques tels que : 1) les cratons qui sont moins stables qu'on ne le pensait ; 2) les linéaments et les blocs semi-rigides de la croûte qui sont communs dans et pour tous les cratons ; 3) plusieurs bassins continentaux qui sont délimités par des linéaments ; 4) les linéaments qui ne sont pas limités par les frontières d'une province tectonique ou par l'âge géologique et qui semblent être des fractures rajeunies le long d'anciennes zones de faiblesse ; 5) les grandes fractures et les blocs semi-rigides de la croûte qui sont probablement la manifestation de déformations à l'intérieur même d'une plaque tectonique.

Dans une perspective plus appliquée, l'extraction des linéaments est particulièrement utile pour l'exploration minière. En effet, bien que ce secteur soit peu documenté du fait que ce sont souvent des entreprises privées qui font la recherche et le développement, il n'en demeure pas moins que des corrélations élevées ont été constatées entre l'intersection de linéaments majeurs et des dépôts de minerai importants. Dès 1975, les travaux de Salas [58] en faisaient foi. Il est aussi reconnu que les linéaments peuvent être utiles à la localisation de nappes de pétrole, de gaz naturel et d'aquifères.

Lillesand et Kiefer [39] font référence à une autre approche dans le cadre de l'exploitation minière : la géobotanique. Elle est utile surtout dans les cas où nous sommes en présence d'anomalies végétales. Elles sont souvent associées à des surfaces minéralisées. Les anomalies sont identifiables à partir de différences dans la densité du couvert, la **teinte** des feuilles, des changements anormaux dans le cycle phénologique ainsi qu'une distribution anormale des espèces. Dans ce cas, une approche pluridisciplinaire est requise.

Enfin, la télédétection d'aujourd'hui permet de créer des **signatures spectrales** des minéraux et ce, avec une très grande finesse. En effet, des **capteurs hyperspectraux** ont été développés de telle sorte qu'il est possible d'obtenir la **réponse spectrale** des objets à partir de centaines de fenêtres spectrales situées entre l'ultraviolet et l'infrarouge thermique. Comme nous le verrons dans le prochain chapitre, des **capteurs** tels que le *CASI* et l'*AVIRIS* en sont des exemples.

Dans un autre ordre d'idées, la cartographie des risques naturels, tels que les glissements de terrain est devenue possible, à l'**échelle** régionale, grâce aux possibilités de **stéréoscopie** des **plates-formes** comme SPOT et Radarsat. Dans ce genre de phénomène, la troisième dimension devient un atout majeur pour la localisation précise du secteur perturbé et pour établir ses caractéristiques géomorphologiques particulières.

Un **modèle numérique d'altitude** (**MNA**) peut aussi devenir une aide précieuse pour la reconnaissance des formes naturelles lorsqu'on lui superpose une **image** satellitale ou un voile topographique avec effet d'ombrage et que le tout est présenté dans une vision tridimensionnelle. Sur la figure 3.12, nous percevons la géomorphologie à l'**échelle** régionale d'un secteur de la région de Charlevoix, au Québec. Cette figure a comme particularité de faire ressortir des linéaments ainsi qu'une spécificité géomorphologique : la gorge de la rivière Malbaie. Les versants symétriques de cette vallée en auge ont une dénivellation de près de 800 m. La vallée a une largeur d'environ 2,5 km dans la partie supérieure. Elle est localisée à 130 km au nord-est de la ville de Québec. Cette organisation géomorphologique particulière est mise en valeur grâce à la combinaison d'une **image** TM4 de Landsat-5 (a) et d'un **MNA** à **résolution** fine (équidistance des courbes de 10 m) (b). Le **MNA** est couvert avec un voile topographique illuminé par une pseudo lumière rasante provenant du sud-sud-est. Elle correspond à la position du soleil lors de l'acquisition de l'**image** TM. La venue des **MNA**, de la vision stéréoscopique des **images** et surtout de la grande variabilité des **résolutions** spatiales, spectrales et temporelles des **plates-formes** fait en sorte que la géomorphologie de la Terre peut être mise en valeur et ce, de l'**échelle** locale à l'**échelle** planétaire. Dans une perspective

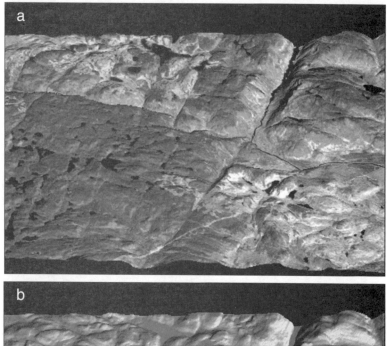

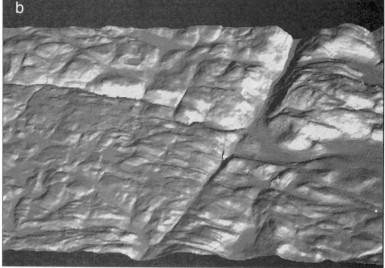

Figure 3.12. : Images 3D orientées plein nord du secteur de la gorge de la rivière Malbaie (au centre nord-ouest), au Québec. La partie a) correspond à une image TM acquise le 25 septembre 1988 par le satellite Landsat-5 calée sur le MNA.
La partie b) représente la topographie mise en évidence grâce au MNA et aux effets d'ombrage provoqués par une pseudo lumière. Source du MNA : Centre canadien de cartographie, Ressources Naturelles Canada.

de planification et d'aménagement du territoire, la géomorphologie de la Terre visualisée d'un point de vue spatial devient aujourd'hui une source d'information essentielle à intégrer dans un **système d'information géographique** visant à proposer des schémas d'aménagement. Dans une perspective de recherche fondamentale, la géomorphologie issue des **images** satellitales trouve son utilité notamment à l'**échelle** planétaire. Aujourd'hui, grâce à des sondes telles que *Voyager, Global Surveyor* et *Magellan*, l'exploration du système solaire nous oblige à voir la Terre comme une planète parmi d'autres. L'organisation physiographique du paysage de Mars ou de Vénus se comprend à partir d'analogies avec des phénomènes terrestres. C'est pourquoi les astronomes, les géographes, les géologues et les physiciens ont tout intérêt à percevoir la Terre par cette approche.

Le potentiel d'application de la télédétection dans les sciences de la Terre dépasse donc largement les limites de notre monde. Les récentes missions des satellites américains *Magellan* et *Global Surveyor* respectivement pour Vénus et pour Mars ont permis de recueillir des **images** saisissantes de leur surface. Avec la figure 3.13, nous avons un excellent exemple des possibilités de la télédétection à haute **résolution**. Elle représente un glissement de terrain dont la partie délimitée par un rectangle orienté de façon verticale couvre une superficie de 2,6 km par 45,4 km. Cette caméra de haute précision est installée à bord du *Global Surveyor*.

Sur la figure 3.14, nous trouvons une manifestation tout aussi spectaculaire de la nature. Cette **image** provient du **capteur** *RSO* du satellite *Magellan*. Elle présente un cratère ayant un diamètre de 37 km qui est en partie marqué à droite par plusieurs failles et fractures. Notons qu'il s'agit là d'une **image radar** typique qui présente des aberrations géométriques notables caractérisées par un repliement du relief.

Enfin, à une **échelle** différente, il est possible de détecter des particularités propres au contenu pour la partie épidermique de la Terre. Nous prendrons comme exemple la détection de la teneur en eau des dépôts de surface par la

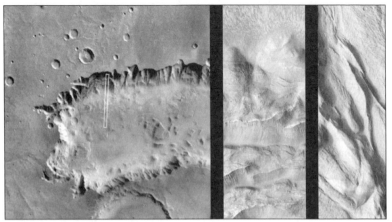

Figure 3.13. : Important glissement de terrain sur Mars, dans le secteur de Ganges Chasma (7,8° S/51,8° W). L'image centrale correspond à la section localisée dans la partie supérieure du rectangle blanc tandis que celle de droite correspond à la partie inférieure. Il s'agit d'une image acquise le 26 octobre 1997 par le capteur MOC (Mars Orbital Camera) dans le domaine du visible. La résolution spatiale est de 5 X 7,4 m. Source : NASA/GSFC.

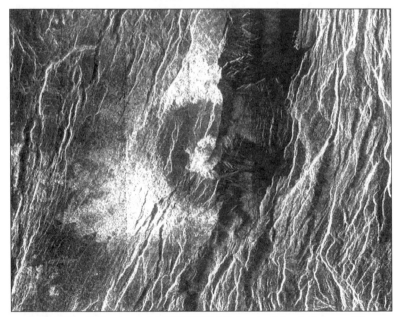

Figure 3.14. : Cratère localisé à 29,91N/282,9 E dans la région de Beta, sur Vénus. Image acquise le 12 août 1991 par le capteur RSO du satellite Magellan. Source : NASA/JPL/Magellan Mission to Venus.

thermographie infrarouge (Desjardins [19]). Cette détection est possible dans des conditions particulières. En effet, afin d'obtenir des résultats qui sont les plus représentatifs de la réalité, les informations doivent être acquises au moment opportun, c'est-à-dire environ une heure avant le lever du Soleil. Malheureusement, sous nos latitudes, l'heure de passage des satellites ne correspond pas au moment souhaité. Il faut donc utiliser les **plates-formes** aéroportées. Sur la figure 3.15, nous proposons une vision nocturne (04h00, heure locale) d'un paysage agricole du Québec méridional. L'**image** a été prise par avion à 5 200 m d'altitude avec une **résolution** spatiale de 11 m de côté. Après traitement, elle nous informe des zones plus ou moins humides. Afin de les faire ressortir, nous avons rehaussé les contrastes entre les **teintes**. Ainsi, les zones plus chaudes en surface sont représentées par des **teintes** pâles. Elles correspondent aux zones plus sèches que les zones foncées qui elles, ont des températures plus froides. L'**inertie thermique** de l'eau engendre ces températures plus froides. Notons enfin un phénomène particulier : l'advection ou, plus précisément, l'effet advectif. Sur cette **image** thermique de nuit, ce phénomène est caractérisé par des corridors de **teinte** plus pâle orientés dans le sens du vent. Il s'agit en fait d'un mouvement horizontal de l'air qui, au passage d'un volume distinct des autres (ici, par la température plus chaude de champs agricoles ou de fermes), modifie ses caractéristiques thermiques et les conserve sur une certaine distance déterminée par la quantité d'énergie transférée lors du passage de l'air dans ce volume.

Dans le domaine spectral des hyperfréquences actives (voir section 2.5), Boisvert [9] a démontré que le radar peut fournir un estimé de l'humidité du sol près de la surface. Elle soutient cependant que, en fonction des techniques culturales utilisées, la **rugosité de surface** (la **texture**) des cultures constitue une importante source d'erreur.

Cette géographie de la composante minérale par télédétection a donc un champ d'application très diversifié. Elle offre des possibilités uniques de perception à partir de points de vue qui doivent, à l'aube de ce nouveau millénaire, faire partie intégrante de notre culture scientifique.

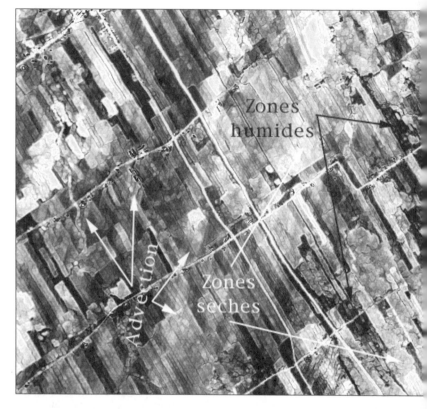

*Figure 3.15. : Image thermique de nuit provenant du capteur aéroporté Daedalus 1260 du Centre canadien de télédétection. Elle a été acquise le 20 août 1984, à 30 km au sud de la ville de Trois-Rivières, au Québec.*

## 3.2. L'espace construit

De tout temps, l'être humain a eu besoin de connaître l'utilisation de son territoire afin d'en assurer une meilleure gestion. Un des outils privilégiés pour répondre à ce besoin est, depuis longtemps, la cartographie. Les cartes permettent de voir une synthèse des modes d'utilisation/occupation du sol et ce, à différentes **échelles**. Depuis l'arrivée de la télédétection satellitale, il nous est possible de visualiser les conséquences de l'implantation humaine dans l'oekoumène terrestre. En même temps, elle devient une source de données essentielle dans la perspective d'une vision globale d'un territoire. L'avantage de sa répétitivité dans le temps et de la flexibilité dans sa **résolution** spatiale font en sorte, qu'aujourd'hui, les **images** satellitales sont une source d'information appréciée lorsqu'il est nécessaire d'avoir une vision cartographique de l'inventaire et des changements spatio-temporels de l'utilisation/occupation du sol. Comme dans d'autres champs d'application, la venue de **capteurs** à haute **résolution** ouvre la porte à une plus grande finesse dans l'information recherchée.

### 3.2.1. Une géographie de l'espace urbain

Depuis les années 1950, l'essor mondial de la population se caractérise par une progression spectaculaire des espaces urbanisés. En effet, d'après Ramade [51] le pourcentage de la population mondiale qui vit dans les villes aura grimpé de 30 %, en 1950, à 65 %, en 2025. Renard [52] précise qu'avec cette pression démographique et l'extension urbaine qui en découle, le développement, la planification et le suivi de la dynamique du territoire relèvent de la première importance.

En conséquence, il est donc nécessaire d'avoir en notre possession des outils ou des aides à la décision performants. La cartographie en est un. Il est essentiel qu'elle soit à jour. Pour y arriver, la télédétection a été explorée et on poursuit aujourd'hui son développement technologique d'une façon telle que les contraintes devenues presque légendaires en matière d'application en milieu urbain s'estompent peu à peu. À cause de la faible **résolution** spatiale des premiers **capteurs** installés sur des satellites, la télédétection appliquée au milieu urbain a longtemps été boudée par les spécialistes de l'espace urbain. Et pour cause, les premières **images** prises dans le début des années 1970 ne donnaient des informations que sur de grandes généralités du tissu urbain. En conséquence, une cartographie à une **échelle** variant entre 1 : 100 000 et le 1 : 250 000 était possible avec des thèmes englobants tels les espaces verts, l'eau, le réseau routier principal, les quartiers résidentiels et industriels. C'était utile à l'**échelle** régionale mais peu pertinent pour l'**échelle** locale. Pour combler ces besoins à cette dernière **échelle**, les gestionnaires avaient recours à la **plate-forme** aérienne. Cependant, à cause des coûts, cette approche a été délaissée rapidement. Seuls quelques chercheurs l'ont utilisée afin de développer des techniques de détection plus fines. L'arrivée imminente des **capteurs** satellitaires à haute **résolution** devrait cependant changer ce choix. Les hautes **résolutions** spatiales, combinées à des **résolutions** spectrales bien ciblées feront en sorte que la télédétection satellitale s'avèrera un moyen efficace d'acquisition de données. Elle sera en compétition directe avec les photographies aériennes encore aujourd'hui fortement utilisées pour cette **échelle** d'acquisition d'information. Le début du prochain siècle s'annonce comme étant un moment crucial en ce qui concerne l'utilisation de la télédétection en milieu urbain. Il faudra tenir compte de contraintes d'ordre technique bien identifiées par Baudot [5]. Il estime que, pour arriver à un **pixel** pur à 95 % (c'est-à-dire une **signature spectrale** unique), l'objet visé doit avoir 1,6 fois la dimension du **pixel**. De plus, il faut plus d'un **pixel** homogène pour pouvoir identifier de façon très claire un objet. L'auteur estime que, pour l'analyse technique d'un bâtiment de taille moyenne (5 à 10 m), la **résolution** spatiale devrait être de 2 m ou moins, ce qui correspond à l'information que l'on peut obtenir à partir d'une photographie aérienne au 1 : 30 000. Si ce bâtiment est isolé et bien contrasté par rapport à son environnement, nous pouvons espérer extraire des informations utiles à partir de données satellitales ayant une **résolution** spatiale de 5 à 10 m.

En somme, on comprend pourquoi, à l'heure actuelle, les satellites disponibles ne permettent d'offrir des informations utilisables que pour des **échelles** dépassant rarement le 1 : 50 000. Seules les **images** provenant des satellites indiens IRS1-C ou D (environ 6 m) ou de certains satellites russes (système Resurs ou SPIN-2-environ 2 m) peuvent engendrer une cartographie plus fine du territoire urbain. Bientôt, la **résolution** spatiale sera de l'ordre du mètre et c'est à ce moment que la télédétection pourra intervenir de façon efficace en autant que les îlots urbanisés (quadrilatères) soient bien organisés, ce qui n'est pas toujours le cas dans les banlieues de plusieurs villes de pays en développement. La télédétection satellitaire va alors se heurter aux mêmes problèmes de détection, d'identification et d'analyse que ceux qui sont présents lors de l'utilisation de la photographie aérienne. Quelles que soient les données utilisées, les études urbaines par télédétection auront toujours besoin de **données auxiliaires** provenant d'observations sur le terrain.

> *La contrainte de la résolution spatiale dans le cadre de l'utilisation de la télédétection en milieu urbain sera bientôt levée. Les données satellitales entreront directement en compétition avec les photographies aériennes mais avec les avantages de la vision synoptique du territoire étudié, de la régularité de la prise d'information et de la flexibilité en matière de résolution spectrale.*

En général, la télédétection peut être utile sur le plan urbain pour les considérations suivantes :

| Espace construit |
| --- |
| Détection et détermination de la dynamique spatiale |
| Planification dans le développement et le réaménagement |
| Perception de l'organisation urbaine |
| Évaluation qualitative des densités de population |
| Études préalables à l'implantation de grandes surfaces |
| Inventaire et cartographie du réseau routier |
| Inventaire et cartographie de l'occupation du sol |
| Détermination des espaces verts |
| Détection de contraintes au développement |
| Détection des îlots de chaleur |

Dans une étude récente, Desjardins et Cavayas [20] présentent les possibilités et les limites des **images** satellitales (TM de Landsat-5) en matière d'occupation du sol pour une ville d'Amérique du Nord. L'étude portant sur Montréal avait pour objectif spécifique d'évaluer qualitativement la performance des données TM pour la reconnaissance de modes d'utilisation/occupation du sol déterminés par la légende de la carte de la Communauté urbaine de Montréal au 1 : 50 000. Un composé couleur, issu des trois premières **composantes principales** des données TM (à l'exception de la bande thermique TM 6), a été imprimé et une analyse visuelle a été effectuée. Sur la figure 3.16, nous présentons les trois premières composantes principales du secteur nord-est de la ville. Ces **images** ont comme avantage de ne pas contenir de bruits ou d'interférence visuelle nous empêchant de voir d'une façon claire les caractéristiques de taille, de **signature spectrale**, de **texture** et d'**arrangement** du paysage urbain étudié. De plus, l'**analyse en composantes principales** permet d'éliminer la redondance des informations entre les différentes bandes spectrales : c'est pourquoi l'information contenue dans les trois **images** de la figure est en très grande partie distincte et unique.

Après avoir fait le composé couleur de ces trois nouvelles **images**, la phase d'interprétation a été réalisée. Sur le tableau 3.1, nous présentons les résultats de cette recherche. Il s'agit d'une évaluation qualitative du niveau de difficulté pour l'identification des fonctions urbaines retenues. Il faut noter que les critères d'identification retenus pour les fonctions sont les mêmes que ceux utilisés en photo-interprétation, soit la **forme**, la taille, la **signature spectrale** ou **teinte** (couleur), la **texture** et l'**arrangement**.

Les auteurs en arrivent à la conclusion, qu'à cette **échelle**, la télédétection devrait être considérée comme une source importante d'information, au même titre que la photographie aérienne et que différentes enquêtes sur le terrain. Une vision globale du territoire étudié (par la télédétection satellitale) est nécessaire dans le cadre de la planification et de l'aménagement du territoire urbanisé et non urbanisé.

Enfin, plusieurs sources de données devraient être intégrées dans un **système d'information géographique** afin d'améliorer la qualité et la finesse des résultats. En ce sens, un système automatisé d'identification des fonctions

*Première composante principale*

*Deuxième composante principale*

*Troisième composante principale*

*Figure 3.16. : Les trois premières composantes principales de l'image TM de Landsat de Montréal acquise le 26 août 1986.*

Tableau 3.1. : *Identification des fonctions urbaines à partir d'images TM de Landsat pour la ville de Montréal, au Québec.*

| FONCTION | IDENTIFICATION |
| --- | --- |
| Habitat (faible densité) | Aisée avec précision |
| Habitat (moyenne et forte densités) | Aisée mais sans distinction entre moyenne et forte densités |
| Commerce de détail | Très difficile à impossible |
| Centre commercial | Très difficile à impossible |
| Édifice à bureaux | Impossible |
| Industrie légère | Relativement aisée |
| Industrie lourde | Aisée |
| Carrière | Relativement aisée |
| Site d'enfouissement | Impossible |
| Rural | Aisée |
| Équipement collectif | Très difficile à impossible |
| Service d'utilité publique | Variable selon la taille |
| Parc (urbain/régional) | Aisée |
| Réserve naturelle | Relativement aisée |
| Golf | Aisée |
| Cimetière | Impossible |
| Espace vacant | Relativement aisée |

urbaines, utilisant des données multisources et la légende de la carte d'utilisation/occupation du sol de l'île de Montréal a été développé par Baudouin *et al.* [7]. Cette étude a comme avantage de démontrer l'importance de l'intégration de données dans une perspective d'inventaire et de mise à jour en milieu urbain à l'**échelle** de l'îlot. L'extraction de paramètres radiométriques (lire **signature spectrale**) et géométriques (lire la superficie et la **forme** de l'îlot), dans une perspective de clé d'interprétation, est à la base d'une approche opérationnelle qui leur semble prometteuse.

Pour le cas des villes d'importance dans les pays en développement, l'exemple de Conakry, en Guinée, semble représentatif des possibilités et des limites de la télédétection dans ce type d'environnement urbain. Les recherches de

Renard *et al.* [53] ont démontré que, mis à part le centre ville identifiable par son organisation structurale des rues (plan en damier), le reste semble désorganisé et engendre des difficultés majeures pour la reconnaissance des fonctions urbaines, et ce même avec des photographies aériennes. L'hétérogénéité domine les **signatures spectrales**. D'après ces auteurs, une connaissance intime du territoire étudié constitue la clé principale de la réussite. De plus, l'intégration de données multisources est en fait la seule solution pour une interprétation de qualité. Afin de bien saisir le problème, des sections d'une **image** HRV de SPOT, acquise le 9 février 1993 en mode **panchromatique**, sont présentées sur la figure 3.17. Les secteurs identifiés par le chiffre 1 sur les **images** correspondent à un habitat résidentiel de type « bon standing ». Pourtant, leur **signature spectrale** est fort différente d'un site à l'autre. Celui identifié sur l'**image** b) semble contenir plus de végétation arbustive (caractérisée par une **teinte** foncée). Le secteur 2 correspond à un habitat résidentiel de type « moyen standing ». Enfin, le secteur 3 (sur l'image a) s'identifie à de l'activité mixte du tertiaire. Ces zones ainsi caractérisées sur la carte d'utilisation/occupation du sol de Conakry l'ont été surtout grâce aux **données auxiliaires**.

Donnay [22] résume la problématique de la télédétection urbaine en ces termes :

> *La télédétection urbaine trouve son originalité, sa richesse, mais aussi sa limite, dans sa totale dépendance vis-à-vis de la technologie et de la méthodologie, dans sa totale dépendance vis-à-vis ses données exogènes, et dans sa totale dépendance en regard de la notion même d'urbanisation.*

L'avenir permettra peut-être d'atténuer ces dépendances.

## 3.2.2. Une géographie de l'espace agraire

Les ressources alimentaires constituent une priorité dans toutes les parties du monde, tant au plan de l'agriculture de subsistance que de celui de l'agriculture à caractère plus industriel. Une gestion de son développement et de son rendement s'avère nécessaire, surtout dans le contexte actuel de **développement durable**. Bien que cette préoccupation soit en général bien sentie dans les pays

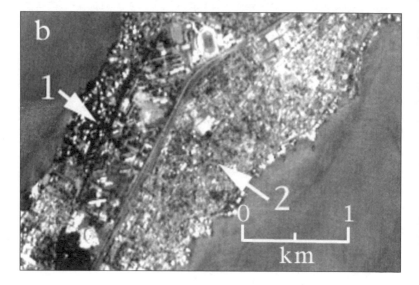

Figure 3.17. : Deux secteurs de la ville de Conakry, en Guinée ayant une organisation structurelle différente : a) le centre ville et b), un secteur périphérique au nord-est du centre ville. Notez que les images sont à la même échelle. Adaptée de Renard et al. [52].

industrialisés, ce n'est pas nécessairement le cas pour plusieurs pays en développement, même si le pourcentage de la population vouée à des pratiques agricoles est très élevé.

L'agriculture aura été, avec la foresterie, un champ de développement privilégié pour la télédétection. Les grands pays producteurs de denrées agricoles ont rapidement saisi les avantages de l'utilisation des données satellitales dans ce domaine. Au milieu des années 1970, plusieurs systèmes de gestion des informations agricoles ont été mis sur pied et l'outil principal de ce système s'avérait être les **images** satellitales. D'après Myers [46], le marché international des produits agricoles était, depuis trop longtemps, dépendant d'informations souvent erronées au sujet du stock de nourriture disponible à l'**échelle** du globe (incluant les récoltes). Cet état de fait aura engendré des impacts économiques et sociaux parfois désastreux. C'est pourquoi le *USDA (United States Department of Agriculture)* a développé, avec la *NASA* et la *NOAA (National Oceanic and Atmospheric Administration)*, le *LACIE (Large Area Crop Inventory Experiment)*. Rapidement devenu opérationnel, ce système avait pour but de démontrer que les méthodes, basées sur la télédétection satellitale, pouvaient fournir des données précises dans le temps et dans l'espace sur les cultures et les récoltes de différents pays, notamment l'ex-URSS. Ce système a été utilisé avec succès sur de grandes terres pour l'évaluation du blé d'hiver et de printemps. En ex-URSS, la précision obtenue a été de 94 % avec un coefficient de variation de 3,8 %.

Ces résultats impressionnants incitèrent les chercheurs à pousser plus à fond les recherches en ce sens. Au début des années 1980, le *USDA* proposa *AgRISTAR (Agriculture and Ressource Inventory Surveys Through Aerospace Remote Sensing)*. Ce programme de six ans avait comme objectif d'évaluer l'utilité, le coût et les limites de ce système pour l'amélioration de la qualité des informations liées aux cultures et aux récoltes, et ce à l'**échelle** du globe.

Avec les améliorations technologiques, ces méthodes ou systèmes se sont raffinés. Aujourd'hui, plusieurs projets sont en marche. Notons que la corporation

SPOTImage a mis récemment sur pied, avec différents collaborateurs, des projets qui vont dans le sens de ceux précités. Il s'agit d'abord du projet *MARS STAT (Monitoring agriculture by Remote Sensing Statistics)*. L'objectif principal de cette action est de fournir des estimations précoces sur les surfaces agricoles en Europe. Les données acquises par télédétection sont ensuite intégrées dans des bulletins de conjoncture publiés tous les mois. Il s'agit surtout de données de superficie de différentes cultures d'une année à l'autre pour les pays de l'Union européenne. Des développements sont en cours pour implanter une variante de ce projet en Russie. D'autres projets de ce genre sont mis en opération ailleurs. Citons le projet *ALIS (Agricultural Land Information System)*. Il s'agit d'une aide à la gestion des ressources agricoles de l'Égypte. Des organismes tels que SPOTImage, Geosys, Sysame et l'IGN (Institut géographique national) sont impliqués dans ce projet. Il a comme objectifs de mesurer et de suivre l'évolution dans le temps des superficies des principales cultures, de contrôler l'urbanisation sauvage sur les terres agricoles et d'analyser le potentiel de développement de nouvelles terres agricoles.

Les trois **images** présentées sur la figure 3.18 illustrent différentes structures agraires que l'on retrouve au Canada et en France. L'image a) montre la division seigneuriale caractérisée par des terres rectangulaires filiformes, la plupart du temps perpendiculaires aux axes de transport. Dans ce cas, il s'agit du fleuve Saint-Laurent, au Québec. Les terres sont celles de l'Ile-aux-Coudres, localisée à 100 km au nord-est de la ville de Québec. L'**image** b) illustre la division des terres en *township*. Il s'agit de territoires de 100 $mi^2$ (256 $km^2$) subdivisés administrativement en 100 carrés de 1 mi (1,6 km) de côté. Cet exemple représente un paysage rural de l'Ouest canadien. L'**image** c) représente un secteur dans la région de Brest, en France. Ce paysage agraire est compartimenté par des bocages qui, à leur tour, sont caractérisés par des parcelles de forme irrégulière souvent limitées par des haies et des enclos.

Nous proposons maintenant un exemple relevant du contrôle des superficies en culture dans une perspective d'obtention d'octrois distribués aux cultivateurs par la PAC (Politique Agricole Commune) de l'Union Européenne. Destinée à la véri-

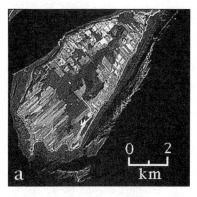

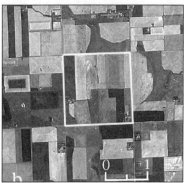

Figure 3.18. : Trois sous-images identifiant des paysages agraires différents : b) provient du Centre canadien de télédétection.
(Série Images du Canada) c) adapté de Le Quéné et al. [36].

fication des superficies couvertes par les principales cultures arables et des plantes fourragères, cette méthode de contrôle par la télédétection (**images** aériennes et satellitales) est une alternative profitable proposée par rapport à l'évaluation dite traditionnelle par l'intermédiaire des inspections sur le terrain. Elle s'exerce sur un échantillonnage de 5 % de toutes les demandes faites par les agriculteurs dans le cadre du programme. La méthode est simple : il s'agit de comparer les parcelles déclarées dans les demandes des agriculteurs à celles que l'on peut détecter sur les **images**. Cette méthode s'est inspirée du projet MARS développé pour le suivi des cultures par le CCR (Centre Commun de Recherche) de la Commission Européenne. Les **images** satellitales utilisées proviennent des systèmes SPOT, Landsat et ERS *(European Ressource Satellite)*.

Bien que le nombre total d'**images** achetées ait augmenté entre 1994 et 1996, les gestionnaires du programme ont constaté une diminution de plus de 50 % des coûts par dossier, par parcelle ou par hectare. De plus, grâce à cette méthode, il a été possible d'augmenter le nombre de dossiers vérifiés de près de 300 % en trois ans, passant d'environ 35 000 à plus de 100 000. En 1996, 58 % du minimum requis de déclarations contrôlées ont été faites à partir de cette méthode. Durant l'année précédente, 1,6 million de parcelles (3,8 millions d'hectares) avaient été évaluées. Le coût de revient par hectare était de 4,55 ECU (environ 45 FF), ce qui correspond à une diminution de plus de la moitié par rapport à 1993.

Dans le cadre de ce programme, il devient essentiel d'obtenir des **images** dans des délais très courts, ce qui engendre un problème potentiel de pénurie car ces demandes entrent en compétition, au niveau de la programmation, avec celles fort diversifiées des autres clients. De plus, devant le nombre grandissant de demandes et, *a fortiori*, de besoins en vérification, un délai très bref entre l'acquisition d'une **image** et sa livraison est nécessaire.

> *L'utilisation de la télédétection en agriculture aura connu des succès importants dans le domaine de l'acquisition, de la gestion et du contrôle des informations concernant les cultures.*
> *Les prévisions et le rendement réel des récoltes à l'échelle du globe constituent l'application la plus remarquable. La nouvelle génération de cap-*

*teurs satellitaires ne fera qu'améliorer la qualité des informations acquises. Nous devons cependant nous attendre à des coûts d'achat et de manipulation supplémentaires si les décideurs optent pour les capteurs de haute résolution provenant d'entreprises privées.*

D'un point de vue plus général, en agriculture, la télédétection peut jouer un rôle non négligeable dans les domaines, suivants :

| Espace agraire |
|---|
| Distinction entre différents types de culture (cartographie de l'occupation des sols agricoles, rotation des cultures) |
| Évaluation et inventaire des superficies cultivées en fonction du type de culture (y compris les zones de friche) |
| Détermination du niveau de maturité des cultures |
| Estimation du rendement des cultures (prévision des récoltes) |
| Assistance dans la détection des stress d'ordre hydrique et biologique des plantes |
| Évaluation et suivi des conséquences des infestations et des maladies |
| Suivi des besoins et planification en matière d'irrigation et de drainage |
| Détection des sources et du cheminement spatio-temporel de la pollution agricole dans les cours d'eau |
| Aide à l'élaboration de modèles agrométéorologiques |
| Suivi du gel radiatif des cultures |

D'après Bonn [10], les applications actuellement opérationnelles en agriculture n'utilisent qu'une très faible partie du potentiel de la télédétection. Elles s'appuient sur une analyse qualitative et non quantitative des données. Pour les prochaines années, des efforts soutenus devront être mis sur l'aspect quantitatif des informations télédétectées, surtout avec la venue de satellites de haute précision. Au Québec, l'agriculture de précision, concept vieux d'une quinzaine d'années, prend de plus en plus d'ampleur. Il s'agit en fait d'évaluer le rendement des terres en fonction de la variabilité des sols et du rendement à l'**échelle** de la parcelle. Dans ce concept, on introduit l'application des technologies à référence spatiale. La gestion particulière engendrée par la mise en place de cette technologie amène un contrôle plus rigoureux des terres (Potvin [49]).

## 3.3. L'espace-temps et l'environnement

Dans la section 3.1, nous avons constaté comment l'écosystème terrestre pouvait subir des modifications en fonction d'agents tels que les conditions météorologiques changeantes qui engendrent des phénomènes du type El Niño. Comme nous le savons maintenant, la dynamique spatiale dans l'atmosphère est suivie par les satellites météorologiques depuis les années 1960 dans le but d'améliorer les prévisions météorologiques et de suivre les phénomènes à potentiel catastrophique tels que les ouragans et les tornades.

Les changements dans le temps de couverts végétaux en fonction des saisons sont particulièrement détectables notamment avec l'utilisation du *NDVI* en Afrique équatoriale. Les satellites météorologiques sont devenus, avec le temps, indispensables pour détecter et analyser ce genre de dynamique. Au Canada, le ministère de l'Environnement est le client le plus important en ce qui concerne l'acquisition de données du **capteur** RSO de Radarsat-I. L'objectif principal est de gérer les glaces des fleuves, des rivières et des grandes étendues d'eau telles que le golfe du Saint-Laurent. Il est essentiel de connaître le mécanisme de formation et de mouvement des glaces, que ce soit les icebergs ou les banquises. Cela constitue un élément essentiel au niveau de la sécurité pour le transport maritime d'hiver et de printemps.

Nous présentons maintenant quelques cas spécifiques.

Notons d'abord la dynamique spatiale de nuages volcaniques provenant du mont Spurr, en Alaska, lors de son éruption le 17 août 1992. Les travaux de Schneider *et al.* [59], ont permis de suivre sur plusieurs milliers de kilomètres et ce, durant 80 heures, ce nuage volcanique au-dessus du Canada et des États-Unis. Ces informations ont d'abord été acquises par le **capteur** AVHRR (*Advanced Very High Resolution Radiometer*) du satellite NOAA. L'objectif de cette poursuite en était un de sécurité pour l'aviation. Cette détection se base sur le fait que la **signature spectrale** de ce type de nuage est différente des autres surtout au moment de sa dispersion. D'après les auteurs, il est alors possible de les isoler et de les suivre. Sur la figure 3.19, nous donnons un aperçu du trajet de deux importants nuages volcaniques entre le 17 et le 20 août 1992.

Prenant compte qu'ils se situent souvent à une altitude élevée, ils suivent vraisemblablement une trajectoire déterminée par les courants-jets.

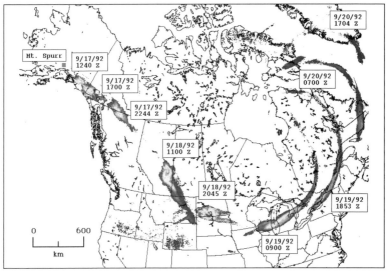

*Figure 3.19. : Suivi de nuages volcaniques à l'aide des images du capteur AVHRR du satellite NOAA. Source : Schneider et al. [59].*

L'utilité de la télédétection se manifeste aussi dans la reconnaissance et l'ampleur des changements. Citons l'exemple du déplacement de dunes dans un territoire situé dans le sud-est du Maroc. À partir d'**images panchromatiques** HRV de SPOT acquises en 1986 et en 1995, il a été possible d'évaluer l'orientation et la distance sur laquelle certaines dunes se sont déplacées. Les travaux de Desjardins *et al.* (en cours) ont permis de constater que, durant cette période, plusieurs dunes se sont déplacées vers le nord nord-est sur une distance médiane de 104 m, menaçant ainsi des palmeraies situées à quelques kilomètres à l'aval de ces dunes. À l'aide de photographies aériennes de 1958 et de l'**image** satellitale de 1995, les premières observations nous permettent d'affirmer qu'en 37 ans, certaines palmeraies ont été ensablées sur 23 % de leur superficie. Sur la figure 3.20, nous illustrons le déplacement à l'intérieur d'un champ de dunes. Les surfaces blanches montrent la situation de 1986 tandis que les surfaces noires indiquent celle de 1995.

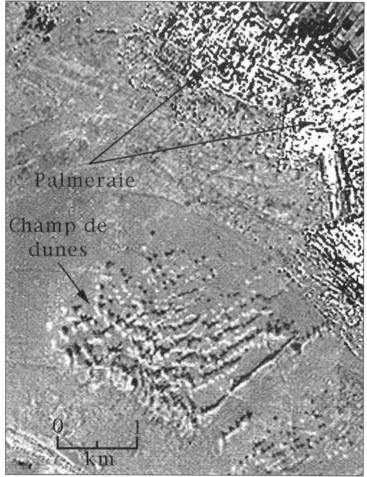

*Figure 3.20. : Déplacement de dunes dans la région d'Hanabou, au sud-est du Maroc. Image de différence entre les données de 1986 et de 1995 du capteur HRV panchromatique de SPOT. Source : Office régional de mise en valeur du Tafilalet, Maroc.*

Les changements spatio-temporels se détectent aussi au niveau de la végétation. La manifestation la plus tangible est le phénomène de déforestation en Amazonie. Philip M. Fearnside, de l'Institut national de recherches en Amazonie (Brésil) soutient, qu'au Brésil, la destruction de la forêt amazonienne avait fortement diminué entre 1988 et 1991. Cependant, la tendance est à une nouvelle augmentation. En effet, la superficie déboisée est passée de 11 000 km$^2$, en 1991, à 14 900 km$^2$, en 1994. Ce déboisement vise à créer de nouvelles terres destinées à l'exploitation agricole et à l'élevage de bovins. Sur la figure 3.21, nous montrons une manifestation tangible de ce phénomène. Sur cette **image**, notons que les **teintes** foncées correspondent aux secteurs non altérés, alors que les **teintes** pâles représentent les zones déboisées. Elles sont marquées par des routes d'accès.

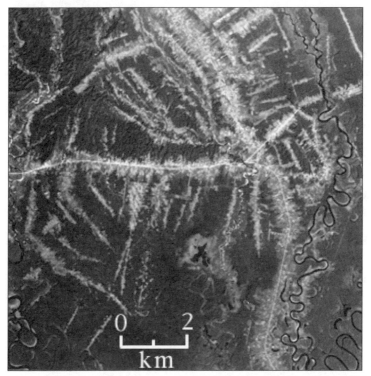

Figure 3.21. *Déforestation en Amazonie près de Santa Cruz, en Bolivie. L'image TM de Landsat a été acquise le 30 août 1985. Source : ERIM International.*

Le Japon a mis sur pied, en 1995, une vaste étude au sujet des forêts tropicales. Il s'agit du GRFM (*Global Rain Forest Mapping*). Ayant comme partenaires des organismes provenant des États-Unis et du Brésil, les recherches couvrent l'Amazonie, le Sud-est asiatique, l'Afrique centrale et l'Afrique de l'Ouest. Des données **radar** sont utilisées afin de pouvoir cartographier les régions ciblées. Rappelons que le **radar** a comme particularité de pouvoir saisir des informations terrestres et ce, même sous couvert nuageux. L'utilisation de cette technologie est donc nécessaire pour des territoires tels que l'Amazonie.

Les modifications du territoire par l'action humaine sont particulièrement présentes au cours du développement des villes. L'étude des changements de l'occupation du sol en milieu urbain par télédétection suscite de plus en plus d'intérêt auprès des planificateurs. Nous bénéficions de plus de 25 ans d'archives d'**images** satellitales, ce qui constitue une banque de données suffisamment importante dans le temps pour que des changements importants soient détectables. Sur la figure 3.22, nous illustrons ce genre d'information pour la conurbation de Trois-Rivières, Cap-de-la-Madeleine et Trois-Rivières-Ouest. Située à environ 150 km au nord-est de Montréal, au Québec, cette région a subi des changements notables entre 1984 et 1993.

Nous observons sur cette **image** les changements majeurs (en noir).
Il s'agit du passage du végétal au minéral. Les secteurs situés aux extrêmes sont de nouveaux quartiers résidentiels tandis que ceux présents au sud correspondent à des vocations commerciales.

Ces quelques exemples sont indicateurs des possibilités de l'utilisation de la télédétection satellitale provenant de diverses **plates-formes** et de divers **capteurs**. Il s'agit là d'un atout important si l'on considère que les changements dans le milieu naturel et l'espace construit constituent une des constantes préoccupations des décideurs et des gestionnaires du territoire.

Jusqu'à maintenant, il a été question de la dynamique spatiale de la Terre, et plus particulièrement de certaines de ses composantes. Pour l'environnement,

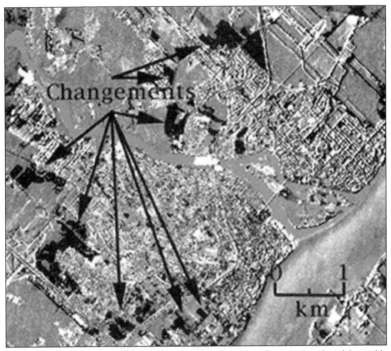

*Figure 3.22. : Image montrant les changements de modes d'occupation du sol (en noir) entre 1984 et 1993 pour la conurbation de Trois-Rivières, au Québec, à partir d'images TM de Landsat-5.*

il va de soi que ses assises soient basées sur l'évolution d'un paysage, c'est-à-dire sur sa dynamique du changement de ses caractéristiques. Ainsi, des phénomènes tels que la déforestation et la désertification engendrées par l'action humaine sont des opérations qui, non contrôlées, amènent à un déséquilibre dans la nature. La Terre subit donc des modifications profondes dans le comportement du climat et de la dynamique de ses différentes composantes. À titre d'exemple, le Secrétaire général du Comité congolais de grands barrages affirmait en 1998 dans des journaux locaux que la baisse sensible du niveau d'eau du lac Kivu est attribuée à l'augmentation de la température moyenne observée dans la province du Sud-Kivu depuis 1990, à la suite d'une déforestation incontrôlée. L'agence de protection de l'environnement et le USGS (*United States Geological Survey*) émettaient un communiqué de presse conjoint, le 13 mars 1996, afin d'informer notamment la communauté scientifique que la télédétection jouait un rôle prépondérant dans la reconnaissance de la contamination des eaux du golfe de la Californie par des résidus miniers tels que l'acide et les métaux lourds. En utilisant le **capteur** AVIRIS (*Airborne Visible and Infra-Red Imaging Spectrometer)* installé sur une **plate-forme** aéroportée, les scientifiques en arrivaient à bien distinguer par spectroscopie (en image) la signature des contaminants. Une cartographie fine des résidus diminue les coûts et accélère la mise en place de méthodes de nettoyage des sites contaminés.

Pour ce qui est des sources de pollution atmosphérique, il n'est pas toujours aisé de les détecter dans les pays industrialisés. Bien que certaines soient détectables le jour, plusieurs industries polluent la nuit. Il est cependant possible, grâce notamment à la thermographie infrarouge, de détecter l'origine et les panaches typiques des cheminées d'usine. Il faut cependant des instruments ayant une **résolution** spatiale relativement fine. Sur la figure 3.23, nous observons une source de pollution industrielle présente à environ 10h00 (heure locale) et 04h00 (heure locale). L'**image** a) provient de données aéroportées enregistrées dans la fenêtre du bleu. L'**image** b) a été acquise dans la bande thermique. Sur les deux, nous pouvons constater que l'usine située sur une île émet des gaz polluants le jour et la nuit. Fait à noter sur l'image de nuit, un navire passe près de la rive nord et laisse un sillon à l'arrière. Ce phénomène provient du fait qu'il brise la couche épidermique qui est plus froide que les eaux sous-jacentes ainsi exposées à la surface. Par analogie, nous pouvons supposer qu'il est possible de détecter des navires fautifs qui rejettent des hydrocarbures dans l'eau car, à moins d'un hasard peu probable, la température du liquide ne sera pas identique à celle de l'eau. Grâce à la haute précision radiométrique de certains capteurs (environ 0,1 °C), la détection et le suivi d'une pollution marine sont à la portée de la télédétection thermique.

Panache

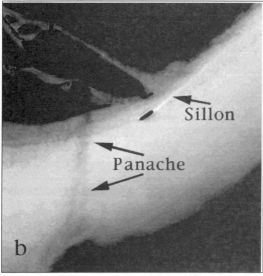

Sillon

Panache

*Figure 3.23. : Images thermiques de jour (a) et de nuit (b) provenant du capteur aéroporté Daedalus-1260. Les données ont été acquises dans un intervalle de moins de 12 heures en août 1984 au-dessus de la ville de Trois-Rivières, au Québec. Elles illustrent notamment des panaches de fumée et un sillon de navire identifiant la température sous l'épiderme de l'eau*

Ces préoccupations à l'**échelle** locale peuvent faire place aux grands problèmes à l'**échelle** planétaire. La télédétection peut alors suivre des méga-phénomènes qui peuvent modifier d'une façon significative l'équilibre écologique de la Terre. Dans l'exemple qui suit, nous voyons comment la télédétection peut suivre l'évolution de la concentration d'ozone dans les hautes couches de l'atmosphère. Grâce aux **capteurs** des satellites américains Nimbus et russes Meteor, il a été possible de détecter le comportement de la couche d'ozone depuis la fin des années 1970. Actuellement, les détecteurs peuvent prendre des mesures aux 24 heures dans la fenêtre spectrale de l'ultraviolet. Effectuant ces mesures en présence du soleil, il n'est donc pas possible d'obtenir des informations des régions polaires durant l'hiver. Sur la figure 3.24, nous avons un aperçu de l'évolution spatio-temporelle de la concentration d'ozone au-dessus du pôle sud.

Sur ces **images**, plus la concentration est faible, plus la **teinte** est foncée. Nous constatons que le «trou» dans la couche d'ozone est bien présent depuis quelques années. Cette étude fait partie des recherches effectuées dans le cadre du grand projet *Global Change* où les américains ont comme partenaires plusieurs pays répartis à travers le monde, dont le Canada et le Japon. Le Centre canadien de télédétection, en association avec l'Agence spatiale canadienne a même réalisé, au début des années 1990, une encyclopédie interactive sur les changements planétaires (Géoscope).

Voilà en somme quelques manifestations tangibles de la dynamique spatiale de différentes composantes terrestres. Ces macrophénomènes peuvent être suivis à l'aide des satellites météorologiques qui embrassent d'un seul coup d'œil une grande partie de la surface terrestre. Cette dynamique spatiale peut aussi être suivie aux **échelles** régionales et locales et ce, tant aux niveaux de phénomènes naturels qu'anthropiques. Par exemple, la télédétection nous fait saisir de façon remarquable les changements de l'utilisation/occupation du sol dans les grandes capitales de certains pays en développement. Les résultats de recherches à l'ORSTOM (voir Chaume et Champaud [15]) sont des exemples éloquents de l'apport de la télédétection pour la saisie et la compréhension de l'ampleur de ce problème préoccupant.

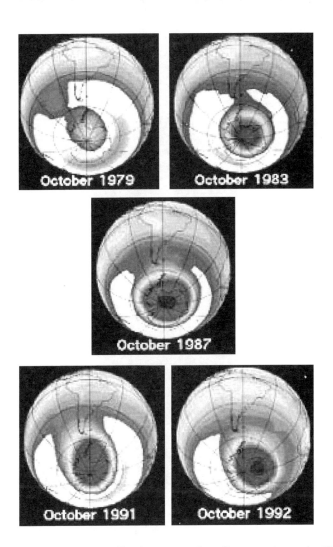

Figure 3.24. : Moyennes mensuelles des concentrations d'ozone au-dessus du pôle sud pour certains mois d'octobre sur une période de 13 ans. Source : NASA/GSFC.

> *La télédétection trouve son utilité dans la reconnaissance et l'analyse de phénomènes dynamiques qui contribuent à l'évolution d'un milieu naturel donné, à sa modification profonde, à sa destruction et à sa renaissance.*
> *La diversité des plates-formes, leur répétitivité dans l'acquisition de l'information et la polyvalence dans la résolution des capteurs font en sorte qu'il est possible, à l'aube du nouveau millénaire, de produire des informations de l'échelle locale à l'échelle planétaire, et ce sur une grande période de temps.*

En général, la dynamique spatiale de la Terre peut être étudiée à l'aide de l'outil télédétection dans les domaines suivants :

| Atmosphère | Eau | Végétation | Minéraux | Espace construit |
|---|---|---|---|---|
| Description et analyse des transferts d'énergie | Surveillance de l'évolution d'événements particuliers tel le El Niño | Constatations des effets de déforestation et d'abus de pâturage sur la végétation | Suivi de la dynamique des déserts | Planification du territoire |
| Conditions et prévisions du temps | Étude des changements d'un réseau hydrographique | Surveillance des grandes infestations et de leurs conséquences dans le temps sur le couvert végétal | Constats et analyse de la stabilité des versants | Détection des changements dans l'utilisation/occupation du sol |
| État de santé des gaz de l'atmosphère | Suivi des inondations | Suivi de la repousse des arbres après une coupe | Description et étude de la dynamique des traits de côte | Visualisation de l'impact des grandes oeuvres tels les barrages |
| Suivi spatio-temporel d'importantes perturbations | Évaluation du déplacement des glaces (icebergs et banquises) | Évaluation de la dynamique des feux de forêts et de brousse | Appréhension et suivi des activités volcaniques | Identification des nouveaux axes de transports et conséquences sur l'utilisation/ occupation du sol |
| Évaluation des variations de l'épaisseur optique des aérosols | Suivi d'agents polluants | Suivi de la rotation des cultures | Mouvements des glaciers locaux et impacts sur la morphologie du terrain | Conséquences de l'urbanisation (et de la déforestation) sur le régime thermique au sol |
| Élaboration de profils de température dans le temps et l'espace | Étude de la dynamique des courants marins | Détection et suivi de l'évolution de maladies qui affectent les cultures | Suivi du processus de sédimentation | Évaluation des surfaces de verdure dans les espaces urbains |
| | Suivi des températures de l'eau et conséquences sur le milieu halieutique | Dynamique des friches | Suivi de la dynamique des terres humides | Suivi des maladies dans les cultures |
| | | Extension des proliférations planctoniques ou des algues | | Conservation et dégradation des sols agricoles |

# Chapitre 4
# Les moyens de détection : l'équipement

*De tout temps, les êtres humains ont*
*toujours été fascinés par une extension*
*d'eux-mêmes faite d'un autre matériau qu'eux.*

**Marshall McLuhan**

Après avoir cerné l'objet d'étude dans une perspective de champs d'application de la télédétection, nous nous attarderons maintenant sur le matériel nécessaire à la détection des informations numériques et visuelles. Les principaux équipements utilisés en télédétection sont les **plates-formes**, les **capteurs** ainsi que le support électrotechnique nécessaire à la production d'une **image** numérique. Le matériel utilisé pour le traitement de ce type d'**image** sera présenté dans le prochain chapitre.

## 4.1. Les plates-formes

Les **plates-formes** couramment utilisées en télédétection sont les satellites et les avions. Notons cependant que d'autres types sont parfois utilisés dans le cadre de projets précis. En effet, des ballons captifs ou dirigeables, des hélicoptères, des ultra-légers et même des mâts et des nacelles montés sur un camion peuvent supporter l'infrastructure nécessaire à l'acquisition de données.

> *En télédétection, une plate-forme se définit comme étant tout objet mobile ou immobile qui peut contenir des instruments (détecteurs ou capteurs) servant à enregistrer des informations spatiales et spectrales provenant d'objets divers.*

### 4.1.1. Les satellites

Dans le premier chapitre, nous avons remarqué comment l'évolution des **plates-formes** avait fait en sorte que nous sommes passés d'un satellite d'observation de la Terre (ERTS-1) à une possibilité de plus de trente en l'an 2000.

À l'**échelle** mondiale, on doit considérer aujourd'hui cette évolution comme exponentielle. Nous pouvons penser obtenir, maintenant ou dans un avenir très rapproché, des informations provenant de satellites gérés par des instances gouvernementales ou privées de plusieurs pays. Cette progression ne s'est pas faite sans heurts. La télédétection a connu ses jours sombres au plan des satellites d'observation de la Terre. Depuis les cinq dernières années, il y a eu plusieurs pertes de satellites importants. Notons entre autres le satellite météorologique NOAA-13 et les satellites d'observation terrestre LANDSAT-6, SPOT-3, ADEOS, TRW LEWIS et EARLY BIRD. Retenons cependant les succès suivants : les satellites météorologiques DMSP-5D S-14, GOES-10, METEO-SAT-7 et les satellites d'observation terrestre ORBVIEW-2, IRS-1D, TRMM et SPOT-4. La grande quantité de **plates-formes** qui sont actuellement opérationnelles et celles qui devraient être lancées incessamment démontre un regain de confiance envers la télédétection. La liste imposante de ces **plates-formes** (tableau 4.1) se traduit économiquement par des investissements dans l'ordre des milliards de dollars. L'état de santé de la télédétection se manifeste aussi par la vive compétition qui s'est installée à l'**échelle** mondiale. Pendant longtemps, au niveau civil, les États-Unis ont été les seuls à s'intéresser à la télédétection. Après l'arrivée de la France, plusieurs pays se sont impliqués dans ce domaine. On peut nommer l'Inde, le Japon, la Russie, le Canada, la République populaire de Chine et, bientôt, le Brésil et l'Australie. La présence de plus en plus grande des investissements privés est aussi un fait notable. De grandes entreprises comme SPOTImage, *Space Imaging/EOSAT, Earthwatch et West Indian Space*, ont en effet investi plusieurs centaines de millions de dollars dans la télédétection.

Ces investissements seront rentables en autant que le produit soit fiable et rapidement utilisable. L'implication financière et politique du gouvernement américain dans le programme Landsat-7 fait en sorte que nous pouvons espérer une réduction de prix appréciable pour des images à résolution spatiale moyenne. En effet, les exigences gouvernementales font en sorte que le prix pour les données brutes provenant de Landsat-7 ne devrait pas dépasser 475,00$US (*Landsat-7 Data Policy*). Dans un autre ordre d'idées, rappelons que le premier satellite d'observation de la Terre date de 1972. Prévu pour un an, il continuait d'acquérir des données six ans plus tard. Il est donc intéressant de remarquer que, souvent, certains satellites opérationnels dépassent largement leur espérance de vie. Les exemples des **plates-formes** Landsat-5 et SPOT-1 qui ont été lancées il y a plus de 12 ans et qui sont encore actives aujourd'hui démontrent un niveau d'endurance qui dépasse toutes les prévisions (figure 4.1). Leur durée de vie ne devait être que de quelques années.

*Tableau 4.1. : Présentation de certaines plates-formes satellitales et de leurs principales caractéristiques.*

| PLATE-FORME | PAYS | CAPTEURS PRINCIPAUX | ALTITUDE (KILOMÈTRES) | ORBITER | RÉPÉTITIVITÉ (JOURS) |
|---|---|---|---|---|---|
| ADEOS-1 | JAPON | AVNIR OCTS | 800 | Héliosynchrone | 41 |
| CTA CLARK | ÉTATS-UNIS | Panchromatique Multibande | 475 | Héliosynchrone | 4-20 |
| IKONOS-A | ÉTATS-UNIS | Panchromatique Multibande | 680 | Héliosynchrone | 3-11 |
| EO-1 | ÉTATS-UNIS | LAC, WIS ALIMS, GIS | 705 | Héliosynchrone | 16 (LAC) |
| EOS AM-1 | ÉTATS-UNIS | ASTER,CERES, MODIS,MOPITT | 705 | Héliosynchrone | 16 |
| ERS-2 | EUROPE | AMI (SAR) ATSR-M | 785 | Héliosynchrone | 3-35 |
| IRS-1D | INDE | Panchromatique WiFS, LISS-3 | 904 | Héliosynchrone | 5-24 |
| JERS-1 | JAPON | SAR OPS | 570 | Héliosynchrone | 44 |
| LANDSAT-5 | ÉTATS-UNIS | MSS TM | 705 | Héliosynchrone | 16 |
| LANDSAT-7 | ÉTATS-UNIS | ETM+ | 705 | Héliosynchrone | 16 |
| ORBVIEW-2 | ÉTATS-UNIS | Panchromatique Multibande | 700 | Héliosynchrone | 1 |
| QUICKBIRD-1 | ÉTATS-UNIS | Panchromatique Multibande | 600 | Héliosynchrone | 1-4 |
| RADARSAT-1 | CANADA | RSO : Std, Fin, ScanSAR, Étendue | 798 | Héliosynchrone | 3-7-24 |
| RESURS-O1 | RUSSIE | MSU-SK | 678 | Héliosynchrone | 21 |
| SPOT-4 | FRANCE | PAN, HRV VÉGÉTATION | 832 | Héliosynchrone | 4-26 |

*Tableau 4.1. (suite)*

| Quelques satellites à vocation particulière | | | | | |
|---|---|---|---|---|---|
| PLATE-FORME | PAYS | CAPTEURS PRINCIPAUX | ALTITUDE (KILOMÈTRES) | ORBITE | ÉPÉTITIVITÉ (JOURS) |
| GMS-5 | JAPON | VISSR | 36 000 | Géostationnaire | 30 min |
| GOES-12 | ÉTATS-UNIS | Imager | 36 000 | Géostationnaire | 30 min |
| GOMS-0 | RUSSIE | STR | 36 000 | Géostationnaire | 30 min |
| METEOSAT-7 | EUROPE | Multibande | 36 000 | Géostationnaire | 30 min |
| NOAA-14 (TIROS-N) | ÉTATS-UNIS | AVHRR | 870 | Héliosynchrone | 1 |
| OKEAN-4 (SICH-1) | RUSSIE (UKRAINE) | MSU-S, MSU-MSLR | 650 | Héliosynchrone | 1/2 |

Lorsque nous examinons la diversité des **résolutions** spectrales associées à différents **capteurs** (figure 4.2), la représentation des **résolutions** ne peut se faire que par l'**échelle** logarithmique car sa portée va de la fenêtre du bleu jusqu'au domaine des hyperfréquences. Notons la grande concentration des bandes dans le visible et le proche infrarouge, ce qui dénote les secteurs spectraux où la demande de la part des utilisateurs est actuellement la plus forte. La compétition y est donc très vive. Pour les satellites d'observation terrestre, nous trouvons souvent une bande panchromatique et au moins cinq autres bandes. Pour ce qui est des satellites à vocation météorologique, la portée est plus grande. Les informations sont acquises dans le visible, l'infrarouge réfléchi et l'infrarouge thermique. C'est le cas des capteurs installés sur les satellites METEOSAT-7 et NOAA-14. Quant aux satellites ERS-2 et Radarsat-I, leur résolution spectrale est confinée à la bande C (5,6 cm).

Les capteurs couvrent une grande diversité de **résolutions** spatiales (figure 4.3) ce qui répond de plus en plus aux problèmes d'**échelle** souvent mentionnés par le passé, notamment pour des préoccupations où le découpage du territoire est de petite dimension. Compte tenu du développement actuel, nous pouvons estimer qu'au tournant du siècle, nous serons capables de produire des documents ou des cartes dont la précision sera comparable à celle que l'on trouve sur les produits actuellement fabriqués à partir de méthodes plus conventionnelles.

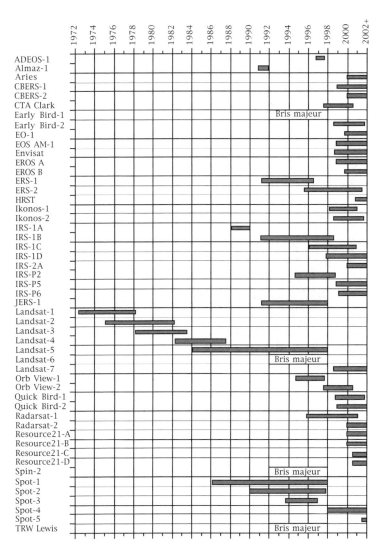

*Figure 4.1. : Durée et espérance de vie pour différentes plates-formes.*

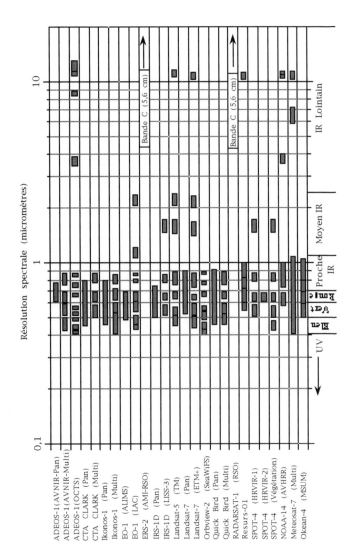

Figure 4.2. : Résolution spectrale de quelques capteurs installés sur divers satellites.

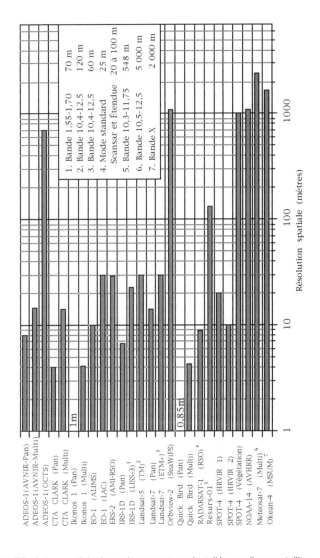

*Figure 4.3. : Résolution spatiale de quelques capteurs installés sur divers satellites.*

Les satellites de télédétection nous offriront de l'information numérique pouvant couvrir autant l'hémisphère terrestre que l'îlot urbain et ce, avec une régularité qu'aucune autre **plate-forme** ne possède. Souvent, elle pourra le faire à partir de **capteurs** à géométrie variable qui, en plus d'améliorer la **résolution** temporelle, permettent de voir le paysage en stéréoscopie. Techniquement, la télédétection satellitaire entrera directement en compétition avec la **photographie** aérienne. Ses avantages liés à la répétitivité, à la **résolution** spectrale et à ses possibilités de transformation de la **réflectance** en valeurs de **luminance** pourraient jouer en sa faveur.

Une autre caractéristique importante des **capteurs** est leur empreinte au sol (figure 4.4) c'est-à-dire la dimension linéaire que couvre l'image sur le terrain. Leur niveau de flexibilité s'est développé avec l'arrivée des **capteurs** à géométrie variable. Le plus connu est le HRV de SPOT qui permet de couvrir une distance linéaire variant de 60 km en visée nadirale à 117 km à son angle de prise de vue maximal. Il a été suivi de plusieurs autres dont le ERS-2 et Radarsat-I. L'empreinte au sol varie donc entre quelques kilomètres et le diamètre terrestre, montrant ainsi encore une fois la grande versatilité de ces capteurs et le choix que l'utilisateur peut avoir pour répondre à ses besoins.

La configuration des **plates-formes** est en général très diversifiée. Dans tous les cas, nous trouvons cependant quatre composantes. Il s'agit des capteurs, du module de commande, de l'antenne de transmission des données et des panneaux solaires (figure 4.5).

Un autre type de **plate-forme** a été longtemps utilisé pour fin d'expérimentation en télédétection. Dans la section historique, nous avons mentionné que les satellites habités des années 1960 et 1970 avaient parfois été utilisés à des fins d'expérimentation de télédétection multibande. Mentionnons les programmes *GEMINI, APOLLO, SKYLAB* et, plus récemment, la navette spatiale américaine. De cette dernière, retenons son utilisation pour l'acquisition d'information dans les hyperfréquences actives par l'intermédiaire des **capteurs** *SIR* (*Shuttle Imaging Radar*): *SIR-A, SIR-B* et *SIR-C*. Sur la figure 4.6, nous pouvons voir une partie d'une des navettes où le capteur *SIR-C* est déployé.

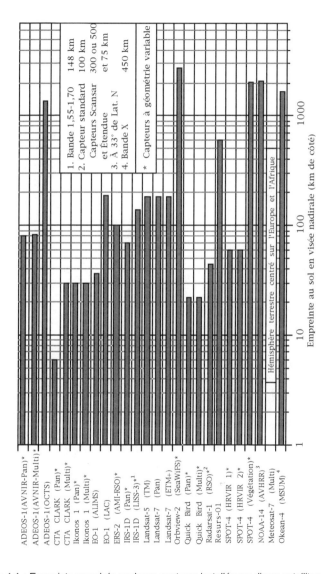

*Figure 4.4. : Empreinte au sol de quelques capteurs installés sur divers satellites.*

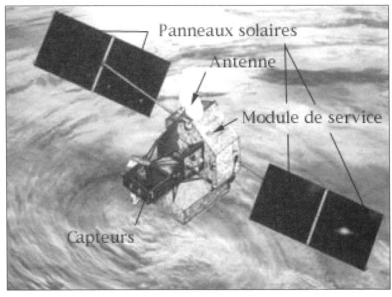

*Figure 4.5. : Représentation artistique du satellite TRMM. Source : NASA.*

*Figure 4.6. : Navette spatiale américaine en position d'acquisition d'image.
Source : NASA.*

## 4.1.2. Les plates-formes aéroportées

Bien qu'encore utilisé pour la prise de **photographies** aériennes sur de petites ou de grandes surfaces, l'avion est de moins en moins privilégié comme **plate-forme** d'acquisition de données. Par exemple, avant l'entrée en opération du satellite Radarsat-I, le Centre canadien de télédétection a utilisé pendant plusieurs années un avion bimoteur de type moyen courrier (Convair 580) afin d'acquérir des données multibandes dans le cadre de projets d'envergure nationale et internationale. Durant les dernières années de son utilisation par ce Centre, il servait surtout à obtenir des données numériques dans le domaine des hyperfréquences actives (Bande C). Plusieurs de ces projets avaient pour objectif de simuler les données numériques et visuelles de Radarsat-I. En général, les avions servent encore pour des projets ponctuels. Citons les exemples des couvertures systématiques de territoires pour fin de gestion et de surveillance gouvernementale, et des nouveaux besoins en matière d'agriculture de précision. Dans ce dernier cas, l'avion a des avantages intéressants : possibilité de prendre des images à **résolution** fine sous les nuages et ce, presque en temps réel. Notons enfin des expérimentations de **capteurs**. À titre d'exemple, le *Jet Propulsion Laboratory (JPL)*, de Passadena en Californie, expérimente un **capteur** hyperspectral (*AVIRIS*) installé sur un ER-2 (U2 modifié) de la *NASA (National Aeronautic and Space Administration)*. L'Institut géographique nationale (IGN) de France possède plusieurs avions polyvalents (figure 4.7). Ils sont en général utilisés pour acquérir des **photographies**.

*Figure 4.7. : Plate-forme aéroportée de type moyen courrier.*
*Source : Institut géographique national (IGN).*

Dans l'exemple présenté sur la figure 4.7, on observe un appareil de type FOK-KER F27-MK700 à cabine pressurisée. Ce bimoteur turbopropulsé de 29 m de longueur a une autonomie d'environ 4,5 h et il est utilisé pour des fins scientifiques durant environ 300 h par année. Sa charge utile est très complète. Elle va des **capteurs** météorologiques aux appareils de télédétection (spectromètre balayeur à 4 bandes similaires à celles des HRV de SPOT).

## 4.2. Les capteurs

> *En général, les capteurs employés pour des fins de télédétection se subdivisent en deux catégories : les capteurs passifs et les capteurs actifs.*

### 4.2.1. Les capteurs passifs

Les capteurs passifs sont actuellement les instruments de détection les plus utilisés en télédétection. Le plus connu est, sans doute, **la caméra photographique**.

> *Les capteurs passifs sont techniquement développés afin de pouvoir détecter l'énergie naturelle réfléchie ou émise par un objet dans la partie du spectre électromagnétique qui va de l'ultra-violet jusqu'aux hyperfréquences passives.*

Ces instruments sont habituellement appelés **radiomètres imageurs**. Sur les figures précédentes (figures 4.2, 4.3, 4.4), nous avons décrit notamment les **résolutions** spatiales et spectrales de différents capteurs. Les plus couramment utilisés sont le AVHRR (*Advanced Very High Resolution Radiometer*) des satellites de la série NOAA, le HRV (Haute résolution visible) des SPOT et le TM (*Thematic Mapper*) de Landsat. Il existe plusieurs systèmes de détection ou de formation d'**image**. Les technologies les plus couramment utilisées sont les **systèmes à balayage optique et mécanique** et les **systèmes à barrette de détecteurs**.

Jusqu'à maintenant, la télédétection nous a habitués à travailler avec des informations numériques provenant de **capteurs** multispectraux. C'est ce qu'on retrouve sur les **plates-formes** satellitales opérationnelles telles celles de Landsat et de SPOT. Aujourd'hui, l'intérêt des développeurs se tourne de plus en plus vers les **capteurs** hyperspectraux. Il s'agit en fait d'un système de détection d'énergie véhiculée par les ondes dont la longueur varie en général entre 400 et 2 500 nanomètres (nm), c'est-à-dire entre 0,4-2,5 µm. La nuance entre les préfixes multi et hyper tient au fait que l'intervalle entre les fenêtres est beaucoup plus fin dans le dernier cas. Par exemple, un des **capteurs** hyperspectraux développés il y a une dizaine d'années fut le *AVIRIS* (*Airborne Visible-Infrared Imaging Spectrometer*). Il possède 224 bandes spectrales tandis qu'un **capteur multibande** comme le *ETM +* (*Enhanced Thematic Mapper*) du futur Landsat-7 n'en possède que 8 si l'on inclut la bande **panchromatique**. À titre indicatif, le satellite TRW Lewis, qui n'est jamais devenu opérationnel à cause d'un bris majeur, possédait le **spectromètre imageur** *HSI* (*HyperSpectral Imager*) développé par la compagnie américaine TRW Inc. Il avait comme caractéristique principale d'enregistrer des données sur 384 canaux (ou bandes spectrales) différents. Au niveau aéroporté, plusieurs **plates-formes** sont équipées du **capteur** hyperspectral *CASI* (*Compact Airborne Spectrographic Imager*). Il peut enregistrer de l'information terrestre sur 284 canaux entre 400 et 1000 nanomètres (nm). Les avantages majeurs de cette technologie sont de rehausser d'une façon remarquable la finesse de la **signature spectrale** des objets et de raffiner la détection de particularités spécifiques d'objets. Les exemples présentés à la section 5.3.1 proviennent de **spectromètres imageurs** hyperspectraux.

## 4.2.2. Les capteurs actifs

Il existe un intérêt de plus en plus grandissant envers les informations acquises dans le domaine des hyperfréquences. Le fait que l'on puisse « voir » la surface terrestre, même en présence d'une couverture nuageuse, constitue l'attrait principal de cette fenêtre du spectre.

> *Les capteurs actifs peuvent se définir comme étant des instruments qui émettent artificiellement de l'énergie sous forme d'impulsion à fréquence temporelle régulière et qui ont la capacité d'enregistrer le signal rétrodiffusé par les objets qui ont été en contact avec cette énergie. En télédétection, ce genre de capteur permet de produire des images.*

L'exemple du principe de fonctionnement est présenté sur la figure 4.8. Dans ce cas, le signal reçu au capteur à partir de la maison est d'une forte puissance du fait que la rétrodiffusion est unidirectionnelle. Dans le cas d'une surface plane comme un lac, le signal de retour est nul si sa surface n'est pas rugueuse (eau calme). Pour un arbre, le signal rétrodiffusé se fait dans plusieurs directions et a une puissance à l'arrivée au récepteur moins grande que celle de la maison. Ces facteurs varient en fonction de la rugosité à la surface et de la teneur en eau des feuilles ou des aiguilles.

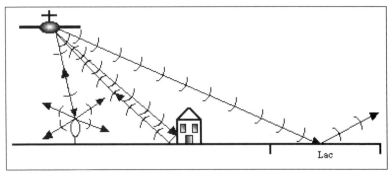

*Figure 4.8. : Représentation schématique du principe du capteur actif.*

L'émetteur-récepteur le plus courant est le radar à synthèse d'ouverture (RSO) ou, en anglais le *Synthetic Aperture Radar* (SAR). Dans la définition de ces acronymes, le terme **radar** signifie *Radio Detection and Ranging*. L'expression **synthèse d'ouverture** signifie que nous avons une petite antenne qui transmet un signal relativement large, au même titre qu'une grande antenne (qu'il est pratiquement impossible d'installer sur les plates-formes). D'après Sabins [57], il est possible d'y arriver du fait que cette technique tient compte du déplacement apparent des objets causé par le mouvement de l'avion. Nous trouvons ce type de capteur sur des satellites tels que le Radarsat canadien et les ERS européens.

Un autre système du même type est parfois utilisé pour des relevés bathymétriques : il s'agit du lidar (*Light Detection and Ranging*). Comme son nom l'indique, cet émetteur-récepteur possède un rayon laser (*Light Amplification by Simulated Emitted Radiation*) qui illumine l'objet par l'intermédiaire d'une lumière cohérente monochromatique. Il est habituellement installé sur des avions.

## 4.3. L'enregistrement de l'information

L'information enregistrée par les **capteurs** passe par différentes étapes :
1) l'enregistrement analogique ou numérique et l'emmagasinage des données sur la **plate-forme**, 2) leur réception au sol, 3) leur mise en forme. Il est aussi possible d'arrimer des données provenant de **capteurs** différents.

### 4.3.1. Le support électrotechnique

Bonn et Rochon [11] nous offrent une vision synoptique des principaux types d'enregistrement : les **balayeurs optiques et mécaniques** ainsi que le **système à barrette de détecteurs**. D'autres systèmes plus récents sont disponibles pour saisir les informations. Notons le **scanneur** de documents analogiques équipé de *C C D* (*Charge Coupled Devices*) - habituellement un périphérique d'un ordinateur - qui les transforme en fichiers numériques, la **caméra vidéo** avec capteurs *C C D* à surface de silicone et la **caméra numérique** qui ressemble à un appareil photographique conventionnel à l'exception que l'information est enregistrée aussi à partir du système *C C D* au lieu d'une pellicule standard. Ce mode de captage est de plus en plus populaire, même pour les appareils destinés au marché commercial. Ils enregistrent l'information dans les bandes du visible et du proche infrarouge.

### 4.3.2. Les stations de réception au sol

Au début, l'information enregistrée par les **capteurs** installés sur les **plates-formes** satellitales était envoyée sous forme de signal analogique vers une **station de réception au sol**. Aujourd'hui, avec la prolifération des satellites d'observation et les progrès technologiques, le signal est souvent converti avant l'envoi sous forme numérique sur la **plate-forme**. Du fait que les satellites peuvent couvrir toute la surface terrestre, ces stations de réception de données sont réparties sur les cinq continents. Citons celles de Gatineau au Canada, de Toulouse en France, d'Alice Springs en Australie. Robin [54] nous informe qu'il existe aujourd'hui une quinzaine de stations opérationnelles pour les satellites SPOT. La transmission des données se fait en temps réel si la **plate-forme** est à la portée de la **station de réception**. Sinon, les satellites sont munis d'enregistreurs à bord qui emmagasinent momentanément les données du territoire demandé.

Les stations peuvent être au départ très complètes et complexes. Elles sont parfois équipées pour connaître l'état de fonctionnement de la **plate-forme** et des **capteurs**. De plus, et c'est ce qui se fait de plus en plus aujourd'hui, les stations au sol commandent au satellite de prendre des informations sur des régions particulières pour des fins spécifiques, en fonction des besoins de la clientèle. En somme, les responsables des satellites d'observation de la Terre ne gardent plus les **capteurs** en opération sur une base permanente. Les stations au sol permettent aussi de les contrôler en fonction de leur **tangage** et de leur **roulis** potentiel, de leur altitude, leur azimuth et leur vitesse.

Examinons un exemple de **station de réception** d'images au service de la cartographie et de la gestion des ressources. Il s'agit du système STAR/IMSAT du Laboratoire de télédétection et de géomatique de l'Université du Québec à Chicoutimi, au Canada. Cette station fait la poursuite et le captage sur 2 400 km de largeur des 3 à 4 satellites TIROS en opération. Quatre lectures de jour et quatre lectures de nuit sont possibles. Le rayon d'action de l'antenne parabolique mobile en mode haute **résolution** (pixels de 1,1 km) s'étend, du nord au sud de la Terre de Baffin (au nord du Canada) à Cuba (dans les Antilles). D'est en ouest, elle couvre de l'Islande à Vancouver (en Colombie-Britannique, au Canada). L'information est captée sur un étalement de 10 bits (1 024 niveaux de gris) et en cinq bandes spectrales, allant du visible à l'infrarouge thermique. Les données sont enregistrées au Laboratoire à l'aide de stations de travail SUN équipées des logiciels appropriés. Le produit est, par la suite, raffiné à l'aide de logiciels de traitement d'images tels que *PCI* et *Dimple*. Des imprimantes pouvant faire des sorties grand format (jusqu'à environ 1 m de largeur) sont branchées sur le système en réseau. Un tel type de système est à la portée de plusieurs laboratoires car il est peu coûteux et ne nécessite que peu d'entretien.

### 4.3.3. Du signal analogique à l'information numérique

L'enregistrement se fait sous forme de signal électrique. Par la suite, il est numérisé. Pour les données provenant des satellites, il arrive souvent que leur transfert doive passer par un satellite de relais. Ce dernier a, entre autres, la fonction d'amplifier le signal. Aux États-Unis, le satellite de relais **géosynchrone** *TDRSS* (*Tracking and Data Relay Satellite System*) est couramment utilisé à cette fin. Le signal peut aussi être envoyé directement à la **station de réception**. Habituellement enregistrées sur 8 bits, c'est-à-dire $2^8$ (256 niveaux d'information), les données numériques peuvent être codées sur un plus grand étalement. Par exemple, celles du capteur *SeaWifs* le sont sur 10 bits, celles d'*AVIRIS* sur 12 bits et celles des *ERS* sur 16 bits. Pour fin de traitement, il est souvent utile de représenter les données sous forme d'histogrammes de fréquence. Par la suite, elles sont associées à des niveaux de gris pour fin de représentation visuelle. La figure 4.9 illustre les étapes de transformation du signal analogique à l'image numérique.

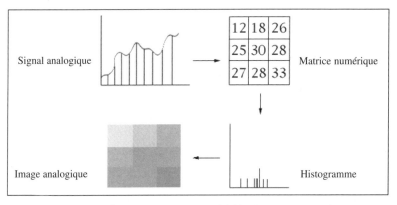

*Figure 4.9. Étapes fondamentales préalables à l'analyse visuelle.*

La question de format sous lequel les données numériques sont enregistrées est essentielle dans la perspective d'extraction d'information. Les plus utilisés sont communément appelés *BIL* (*band Interleaved by Line*) et BSQ (*Band SeQuential*). Comme son nom l'indique en anglais, le format *BIL* est caractérisé par l'emmagasinage en ligne. À partir du tableau 4.2, nous montrons comment les **valeurs numériques** (VN) des pixels sont enregistrées sur le support (CD-ROM, cassettes de 4 et 8 mm) ; cet exemple suppose que nous avons 4 bandes spectrales. Pour le format *BSQ*, chaque bande constitue un fichier enregistré dans un ordre logique.

*Tableau 4.2. : Représentation du format BIL pour les quatre premiers pixels d'une image.*

|  | Pixel 1 | Pixel 2 | Pixel 3 | Pixel 4 |
|---|---|---|---|---|
| **Ligne 1** | VN Bande 1 | VN Bande 1 | VN Bande 1 | VN Bande 1 |
| **Ligne 1** | VN Bande 2 | VN Bande 2 | VN Bande 2 | VN Bande 2 |
| **Ligne 1** | VN Bande 3 | VN Bande 3 | VN Bande 3 | VN Bande 3 |
| **Ligne 1** | VN Bande 4 | VN Bande 4 | VN Bande 4 | VN Bande 4 |
| **Ligne 2** | VN Bande 1 | VN Bande 1 | VN Bande 1 | VN Bande 1 |
| **Ligne 2** | VN Bande 2 | VN Bande 2 | VN Bande 2 | VN Bande 2 |
| **Ligne 2** | VN Bande 2 | VN Bande 2 | VN Bande 2 | VN Bande 2 |
| **Ligne 2** | VN Bande 3 | VN Bande 3 | VN Bande 3 | VN Bande 3 |

En fonction de la technique d'encodage, les bases de données sont habituellement accompagnées de fichiers d'entête (normalement écrits en langage *ASCII*) où l'on retrouve des **données auxiliaires** parfois utiles. Entre autres, on peut noter la date de prise d'information, l'heure, l'**angle solaire**, l'**angle de visée**, l'organisation des données, les **coordonnées** géographiques, le mode d'enregistrement.

## 4.3.4. L'arrimage des données de divers capteurs

En télédétection appliquée, il est souvent nécessaire d'obtenir des données provenant de diverses sources. Pour extraire des données plus riches en information dans une perspective de meilleure interprétabilité, il devient pertinent de combiner les avantages de la **résolution** spatiale de certains **capteurs** avec les avantages de la **résolution** spectrale d'autres **capteurs**. C'est le cas entre l'image acquise en mode **panchromatique** du HRV de SPOT et une ou plusieurs bandes du mode **multibande** du même **capteur** ou du TM de Landsat. Les résultats sont souvent saisissants.

Plusieurs techniques ont été développées afin d'en arriver à fusionner les données. Idéalement, des **corrections radiométriques** et **géométriques** préalables devraient être réalisées afin d'éliminer les sources de **bruit** (ex : effets de l'atmosphère) et les différences de positionnement spatial des éléments composant les images. Comme nous verrons dans le prochain chapitre, la tâche n'est pas toujours facile ou utile. Pour nos préoccupations immédiates, il faut cependant s'assurer, qu'elles sont superposables au niveau géométrique pour la zone d'intérêt. Sur la figure 4.10, nous montrons deux images de la section du « Tombolo » de la ville de Conakry, en Guinée. L'image A illustre le secteur en bande rouge XS2 du HRV de SPOT corrigé géométriquement afin d'être superposable à l'image panchromatique (B). Les deux images ont bénéficié d'un rehaussement de contraste. Par addition des valeurs numériques, nous obtenons l'amalgame des deux images (C). Ce simple procédé arithmétique allie à la fois la finesse spatiale du mode **panchromatique** (10 m) et la diversité des informations spectrales que l'on peut obtenir du mode **multibande**. Un examen plus attentif des îlots urbains nous permet de percevoir cette plus grande richesse d'information. En effet, tout en conservant le réseau de voies de circulation, nous pouvons constater une plus grande portée dans les **teintes** de gris à l'intérieur de ces îlots. Dans cet exemple, l'apport de la couleur améliorerait de façon tangible la perception visuelle des nuances du paysage urbain. Il est cependant bon de constater que, même en représentation de niveaux de gris, on constate l'intérêt de produire des images nouvelles à partir de ce procédé.

D'autres avenues existent afin d'arrimer les données provenant de différents capteurs. Elles nécessitent cependant la couleur. Selon Jensen [33], la manière la plus simple est le procédé de substitution de bande dans l'affichage couleur en mode RVB (rouge, vert, bleu) ou *RGB (red, green, blue)*. Tout en s'assurant

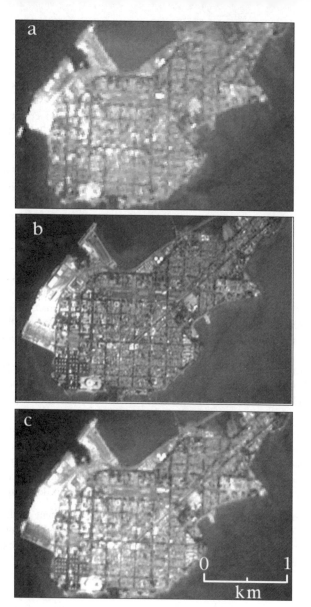

*Figure 4.10. : Images HRV de SPOT d'une partie de la ville de Conakry, en Guinée acquises en mars 1990 pour l'image multibande (a) et en février 1993 pour l'image panchromatique (b). L'image c) représente l'amalgame de a) et de b). Adapté de Renard et al. [52].*

que les données sont superposables soit par procédé de **correction géométrique** (comme ci-haut) ou par rééchantillonnage de pixels (ex : conversion des pixels de 20 m de côté à 10 m de côté), il s'agit de remplacer une des bandes nécessaires pour le composé couleur par une bande à **résolution** spatiale plus fine. Par exemple, dans la combinaison des bandes XS3 (dans la bande du rouge), XS2 (dans la bande du vert) et XS1 (dans la bande du bleu), nous remplaçons la XS2 dans le canal du vert par la bande **panchromatique**. Le nouveau **composé couleur** qui en résulte met en lumière les qualités radiométriques et la finesse spatiale des données. Cette substitution est aussi réalisable à l'intérieur de l'univers ITS (canal intensité, canal **teinte**, canal saturation). Enfin, nous pouvons remplacer une des trois **composantes principales** issues de données brutes par une bande à résolution plus fine. L'avantage de la **composante principale** est de réunir, dans trois canaux, la très forte majorité des informations. Souvent, la dernière composante ne possède que très peu d'information originale. Elle peut être remplacée par la bande **panchromatique** du HRV de SPOT. Souvent, la deuxième composante reflète ce que l'on peut détecter dans le visible. Il devient aussi pertinent d'effectuer une substitution de cette composante par la bande **panchromatique** qui couvre, elle aussi, la fenêtre du visible. En somme, plusieurs formes de substitution et de combinaisons sont possibles.

L'arrimage des informations de divers **capteurs** est aussi utile entre les données satellitales, aériennes et de terrain (radiomètres portatifs). L'essentiel de son potentiel d'application réside dans l'amélioration de la définition du contenu des **pixels** et dans la validation lors de la phase interprétation. À ce titre, les travaux de Desjardins *et al.* [21] présentent un exemple pertinent. Il est cependant rare d'obtenir en même temps des informations de bonne qualité au-dessus et sur un territoire prédéterminé par l'intermédiaire d'un satellite, d'un avion et d'instruments au sol. De plus, cette approche est coûteuse en temps de préparation et en argent (frais de terrain et de prise d'images aériennes).

*Une main sans tête qui la dirige est un instrument aveugle ; la tête sans la main qui réalise est impuissante.*

**Claude Bernard**

Dans le chapitre précédent, nous nous sommes attardés à connaître les moyens de détection nécessaires à acquérir des données par télédétection. Nous verrons maintenant comment l'information obtenue doit être traitée afin qu'elle puisse être potentiellement utile dans une perspective de prise de décision éclairée.

Différentes étapes sont nécessaires afin d'y arriver :

- une **correction géométrique et radiométrique** ;
- une mise en valeur visuelle des objets d'intérêt (surfaces, lignes, points) ;
- une visualisation des **signatures** spectrale, spatiale et temporelle ;
- une compartimentation de l'espace spectral ;
- une analyse à l'aide du numérique et du visuel ;
- une validation des résultats.

## 1. Les corrections qui s'imposent

Les contraintes liées aux **résolutions** spectrales, spatiales, radiométriques et temporelles font en sorte qu'il nous est actuellement impossible de créer un système de télédétection qui offre un produit de sortie immédiatement utilisable. Des erreurs relatives au capteur, à la **plate-forme**, à l'atmosphère et aux caractéristiques des objets analysés s'introduisent dans les informations numériques et peuvent engendrer une dégradation de leur qualité et leur applicabilité.

Les données acquises par télédétection nécessitent une série de modifications afin qu'elles soient les plus représentatives possible de la réalité. Ces modifications sont de deux ordres: géométrique et radiométrique. Des éléments tels que l'instrumentation à bord, la distorsion longitudinale liée au **champ de visée instantané** (*Instant Field of View-IFOV*) en fonction de la distance par rapport à la **visée nadirale,** la rotation et la courbure de la Terre, la variation dans l'attitude et de l'altitude de la **plate-forme** (engendrée par sa stabilité et l'irrégularité dans la sphéricité de la Terre) font en sorte que l'image obtenue par télédétection contient des éléments qui, dans une perspective d'intégration dans des SIG par exemple, doivent être pris en considération. En plus, des paramètres tels que l'**angle solaire**, la distance Terre-Soleil, la topographie, la stabilité des détecteurs en fonction du temps, différents bruits à caractère électronique (**lignage**), la **réponse spectrale relative** des capteurs ainsi que la **diffusion atmosphérique** peuvent porter ombrage à la perception de la réalité des objets terrestres. Enfin, des sources de bruit peuvent altérer les données lors de leur transmission vers la Terre et lors de leur transformation au sol.

Dans le cas des données radar, certaines distorsions particulières sont à noter. Bonn et Rochon [11] soulignent l'effet d'étirer en apparence un objet vers la source d'énergie. Ce phénomène est appelé raccourci ou rapprochement (*foreshortening*). On parle aussi de repliement ou de déversement (*layover*) lorsque le retour du signal, provenant du sommet d'un objet, arrive avant celui de sa base. Ce phénomène se produit lorsque l'angle de pente de cet objet est plus grand que l'**angle de dépression** du radar utilisé. Ces situations entraînent un déplacement du relief. Au point de vue radiométrique, l'effet de **patron d'antenne** ainsi que l'effet de **chatoiement** (*speckle*) engendrent des perceptions erronées sur une image. Ce dernier donne cette composition dite poivre et sel que l'on observe souvent sur les images contenant des objets à **texture** grossière.

Face à ces problèmes, il faut corriger et calibrer les données de télédétection si l'on souhaite obtenir une représentation fiable de la surface terrestre.

## 5.1.1. Sur la géométrie de l'image

Les données brutes d'images acquises par télédétection contiennent des distorsions d'ordre géométrique suffisamment importantes pour qu'elles ne soient pas superposables sur des données cartographiques normalement réalisées à partir de projections connues. Ces distorsions peuvent être d'ordre systématique (décalage des lignes d'enregistrement en fonction de la rotation de la Terre, vitesse de rotation variable du miroir-balayeur, effets panoramiques, variation de la vitesse de la **plate-forme**) où non systématique (variation dans l'altitude et l'attitude de la **plate-forme**).

Dans une perspective d'application de la télédétection, il devient essentiel que la géométrie de l'image acquise par télédétection soit comparable avec celle des données d'autres sources. En conséquence, les chercheurs essaient de trouver un standard géométrique par lequel les données **multisources** seront en quelque sorte superposables. Les logiciels de **systèmes d'information géographique** qui sont développés contiennent tous une option permettant de pouvoir présenter des résultats visuels de documents numériques avec la même géométrie par l'intermédiaire notamment de projections identiques.

Plusieurs possibilités s'offrent à nous quant à la mise en forme des images de télédétection afin de pouvoir les comparer. Nous pouvons utiliser les approches dites image à image et image à carte. En général, la première est utile pour l'étude de la dynamique spatiale de phénomènes naturels ou anthropiques. La seconde est nécessaire lorsque les données numériques utiles à l'appréhension et à l'identification d'un problème sont d'origine **multisource**. Les techniques couramment utilisées pour corriger géométriquement les images ont comme assise les points de contrôle qui sont communs à l'image et à un document de référence.

Pour l'approche image à image, il s'agit simplement de faire une rotation ou une translation d'une image par rapport à l'autre jusqu'au moment où les points de contrôle coïncident. Ainsi, un objet se retrouvera au même endroit sur les deux images. Avec l'approche image à carte nous visons à rendre la géométrie de l'image acquise par télédétection semblable à celle d'une carte planimétrique. Ainsi, nous comparons les points de contrôle identifiés sur l'image avec les **coordonnées** de la carte. La méthode dite polynômiale est couramment utilisée dans ces cas. Notons que ce procédé ne tient pas compte de la topographie du terrain. Lorsque nous sommes en présence d'un territoire ayant des amplitudes topographiques décelables, il nous faut utiliser une autre approche. Toutin et Carbonneau [72] proposent le système de rectification des images de télédétection (SRIT) basé sur des considérations photogrammétriques. Il permet, entre autres, de créer des images rectifiées (ortho-images) et des mosaïques dans un système de projection choisi par l'utilisateur. Un des intérêts de ce système est que l'on peut introduire un **modèle numérique d'altitude** (**MNA**) afin que la correction effectuée tienne compte de l'altimétrie. De Sève *et al.* [18] ont démontré que cette approche est particulièrement efficace pour les images radar acquises dans des environnements à forte amplitude topographique.

Toutin [71] présente une comparaison des caractéristiques des deux méthodes mentionnées ci-haut (tableau 5.1).

*Tableau 5.1. : Comparaison de deux méthodes de correction géométrique.*
*D'après Toutin [71].*

| Méthode polynômiale | Méthode photogrammétrique |
|---|---|
| Ne respecte pas la géométrie de prise de vue | Respecte la géométrie de prise de vue |
| N'est pas relié aux causes de distorsion | Reflète les différentes distorsions |
| Ne tient pas compte de l'attitude | Utilise les données d'éphémérides et d'attitude |
| Ne corrige pas l'altimétrie | Tient compte de l'altimétrie (MNA) |
| Corrige localement aux points de contrôle | Corrige globalement l'image |
| Ne filtre pas les erreurs | Filtre des erreurs grâce à la connaissance de la géométrie |
| Pas de compensation simultanée d'image | Compensation simultanée de plusieurs images |
| Correction d'image à image pour l'intégration | Correction d'image à terrain |
| Nécessite beaucoup de points de contrôle (20) | Utilise peu de points de contrôle par image (3-8) |
| Sensible à la distribution spatiale des points de contrôle | Peu influencée par la distribution spatiale des points de contrôle |
| Problème de choix des points de liaison | Choix des points de contrôle en fonction de chaque image |

Sur ce tableau, nous mettons en lumière la complexité du problème et l'importance que nous devons accorder aux **corrections géométriques**. Avec la venue des satellites commerciaux à haute **résolution** spatiale qui nous permettront de réaliser des cartes à grande échelle (>1 : 50 000), il devient impératif, dans une perspective d'utilisation de données **multisources**, de s'assurer que les **corrections géométriques** nécessaires soient fiables et précises.

Comme le mentionne Toutin [71], une **correction géométrique** rigoureuse devient « un mal nécessaire pour la santé de vos résultats ».

D'un point de vue plus pratique, il est souvent recommandé d'acheter des images qui ne sont pas préalablement **géoréférencées**. Notons que plusieurs entreprises de distribution d'images offrent cette option. On y voit trois avantages :

- les données originales ne sont pas altérées et représentent vraiment ce qui est détecté au capteur ; ceci peut être pratique pour ceux ou celles qui effectuent des recherches sur la vraie **signature spectrale** des objets ;

- lorsque l'on contrôle cette opération, il devient possible de réduire encore plus les erreurs de positionnement qui sont inévitables dans un processus de rééchantillonnage ; les images préalablement **géoréférencées** ne contiennent pas toujours de l'information portant sur les causes d'erreur de positionnement ;

- si nous réalisons cette étape nous-mêmes, il est alors possible de choisir le système de référence (UTM, MTM, etc) qui convient le mieux à notre image.

Les conditions préalables pour optimiser la qualité de la correction sont les suivantes :

- trouver des points de contrôle qui sont faciles à localiser tant sur l'image à corriger que sur le document de référence ; pour les milieux habités, plusieurs éléments sont disponibles et fiables ; notons entre autres l'intersection entre deux routes, certains édifices de bonne taille, des grands stationnements ainsi que des objets ayant des **arrangements** spatiaux uniques (terrain de football) ; pour le milieu naturel, nous pouvons nous attendre à des erreurs de positionnement plus importantes ; en effet, il faut nous fier à des éléments qui sont moins évidents et dont les limites peuvent varier dans le temps ; notons par exemple les échancrures de lacs et les confluences de rivières ou de ruisseaux ; la précision de leur localisation est déterminée par la qualité, la représentativité et le niveau de détail du document de référence ;

– s'assurer d'une bonne répartition spatiale des points de contrôle sur tout le territoire couvert par l'image ; si les points sont trop regroupés dans un secteur particulier, la correction risque d'être inégale en qualité sur toute l'image ; elle sera excellente dans le secteur visé mais moyenne ailleurs ; localiser certains de ces points le plus près possible des quatre coins de l'image et un autre vers le centre ouvre la voie à de bons résultats ;

– faire un schéma du territoire couvert et y localiser les points de contrôle ; ainsi, il sera plus aisé de réexaminer leur localisation si les erreurs résiduelles de positionnement sont trop élevées.

En fonction de la qualité des algorithmes développés et du niveau de raffinement des documents de référence, il est possible d'atteindre des précisions de positionnement allant jusqu'à 1/2 **pixel**. Cependant, d'après De Sève *et al.* [18], une précision entre 1 et 2 pixels est plus réaliste, surtout si l'on effectue des corrections dans des milieux naturels topographiquement diversifiés à l'aide d'un **MNA**.

## 5.1.2. Sur la radiométrie de l'image

Idéalement, le flux radiant enregistré au capteur d'un satellite devrait être identique à celui de l'objet analysé. Or, la réalité est toute autre. En effet, beaucoup de bruits viennent s'ajouter au signal réfléchi ou émis par l'objet. Nous avons mentionné qu'il venait principalement des capteurs et de l'atmosphère. Pour les problèmes tels que le **lignage**, qui sont surtout perceptibles sur des surfaces homogènes comme l'eau, la plupart des logiciels d'application ont un module qui permet d'atténuer ce problème par l'intermédiaire d'algorithmes relativement simples. L'atmosphère engendre une atténuation du signal réfléchi par les objets et, en plus, elle contribue au signal reçu par le **capteur**. Plusieurs méthodes ont été développées afin de minimiser ses effets. On a modélisé différents types d'atmosphère (des milieux arctiques aux milieux tropicaux). Le modèle LOWTRAN réalisé par la marine américaine et le modèle 6S (voir Tanré *et al.* [67]) en sont des exemples représentatifs. Pour la plupart de ces modèles nous avons besoin d'obtenir des valeurs précises, principalement sur la **luminance de parcours**, la **transmittance** atmosphérique, la **luminance hémisphérique** (diffuse), l'humidité relative et la teneur en aérosols. Des données provenant des ballons-sondes deviennent une source d'information précieuse si elles sont acquises à peu près au moment du passage du satellite.

Pour Caloz [13], les **corrections atmosphériques** demeurent une difficulté majeure pour la calibration absolue des **luminances** mesurées par l'image. On utilise souvent des modèles. Or, ne sont-ils pas des atmosphères "théoriques" au même titre qu'une ligne de régression qui exprime une tendance alors que les résidus représentent la réalité. En somme, l'utilisation des modèles a ses limites.

Les valeurs numériques que l'on trouve sont relatives et ne correspondent pas directement à des valeurs radiométriques. Pour les transformer, différents algorithmes ont été développés. Par exemple, selon Markham et Barker [42], les données de Landsat peuvent être transformées en valeurs de **luminance** grâce à l'équation suivante :

$$L = \left( \frac{L_{max} - L_{min}}{255} \right) DN + L_{min}$$

où

L = valeur de luminance reçue au capteur ($Wm^{-2}sr^{-1}\mu m^{-1}$)

$L_{max}$ = valeur de luminance maximale en fonction de la calibration

$L_{min}$ = valeur de luminance minimale en fonction de la calibration

DN = valeur numérique (DN = *Digital Number*) entre 0 et 255

Ce genre de formule permet de transformer les données reçues au **capteur** en valeurs utilisables pour des fins de comparaison et d'analyse. Robin [53] propose d'autres équations pour des capteurs tels que le HRV de SPOT et le AVHRR de NOAA. Elles sont basées sur des coefficients de calibration : le gain et le décalage (*offset*). Ces paramètres de calibration sont variables dans le temps à cause du vieillissement des **capteurs**. Pour trouver les bons coefficients de calibration, il faut se référer à la littérature la plus récente du fabriquant. Bien que certaines valeurs soient proposées dans différents logiciels, une vérification à la source constitue un geste prudent et souvent nécessaire. Rappelons-nous cependant que les valeurs obtenues doivent être corrigées des effets atmosphériques.

Une **correction radiométrique** absolue est, dans certains cas, incontournable, notamment pour la recherche de signature des objets à partir de l'information obtenue par les **capteurs** hyperspectraux. Bien que la fréquence d'utilisation de ce genre de **capteurs** augmentera dans les prochaines années, il faut noter que la plupart des utilisateurs de données de télédétection n'ont souvent besoin que d'une **correction radiométrique** relative afin d'améliorer la qualité visuelle de l'image. De plus, afin de normaliser l'intensité du signal dans différentes bandes spectrales, il devient utile de minimiser ces effets.

À partir du principe que les données acquises dans la bande du proche infrarouge sont peu influencées par l'atmosphère et que celles du visible y sont graduellement sensibles du rouge au bleu, Jensen [33] propose d'utiliser l'histogramme de fréquence de chaque bande pour atténuer les effets.

Par simple soustraction de la valeur la plus faible de chaque bande, il en arrive à corriger l'image. Ahern *et al.* [1] ont proposé la technique des lacs oligotrophes. Ce type de lac n'engendre pas de **réflectance**, quelle que soit la **bande spectrale**. En connaissant la **valeur numérique** que l'on retrouve sur ces lacs, nous pouvons donc en déduire qu'elle correspond à la valeur de **luminance** de l'atmosphère située entre l'objet et le **capteur**. Encore là, une simple soustraction de cette valeur pour chaque bande corrigera la situation. Cette méthode peut aussi être utilisée pour des analyses multidates. Cependant, les effets de la topographie, de l'**angle solaire** et de la variation de la distance Terre-Soleil sont toujours présents.

## 5.2. La mise en valeur visuelle des objets d'intérêt

### 5.2.1. Sur l'accentuation des contrastes

Différentes techniques de rehaussement ont été développées afin d'améliorer la qualité visuelle des **images** acquises par télédétection. Cela a été rendu nécessaire car, dans les **longueurs d'onde** courtes (fenêtres du visible), le signal global reçu d'un territoire est banalisé par la **diffusion atmosphérique** (Rayleigh et Mie). Sur la figure 5.1, nous présentons ce problème pour une **image** ayant 256 niveaux d'information (8 bits). Sur l'histogramme de fréquence, nous remarquons donc que la plage d'information numérique a un faible étalement. La fréquence notable est surtout confinée entre les valeurs numériques 60 et 110, ce qui engendre un petit nombre de niveaux de gris et donc un faible contraste entre les objets. C'est pourquoi l'œil humain ne peut que difficilement distinguer les objets qui composent cette **image**. Ce phénomène décroît de la fenêtre du bleu à celle du rouge. Bien que notre œil ait une forte capacité à discriminer les **teintes** (intensité lumineuse variable en fonction de la **réflectance**, variation en fonction de la couleur), son habileté diminue drastiquement devant des informations aussi banalisées. D'autre part, même si l'on affirme que chaque objet a une **signature spectrale** qui lui est propre (comme nos empreintes digitales), leur similarité est parfois telle qu'il peut y avoir confusion. Les techniques de rehaussement utilisées pour le traitement numérique d'image nous viennent en aide afin d'assurer aussi une meilleure distinction entre les objets. Elles sont cependant limitées au pouvoir discriminant du **capteur** qui se traduit en bout de ligne par le mode d'enregistrement (6, 8, 16 bits). L'histogramme présenté sur la figure 5.1 comporte en effet 256 niveaux d'information (0-255). Afin de rendre cette **image** utile, il faut la rehausser. La technique la plus connue est celle de l'étirement linéaire. Il s'agit simplement de placer une valeur minimale choisie à 0 et une valeur maximale à 255. Dans cet exemple, elles sont respectivement de 60 et de 110. C'est là que la grande majorité des **pixels** est concentrée. Sur la figure 5.2, nous montrons les résultats de cette opération. Il va sans dire que la visualisation des objets et donc le potentiel d'utilisation de cette **image** se sont grandement améliorés. On peut raffiner encore plus par l'approche linéaire la qualité du produit de sortie par l'intermédiaire d'un pourcentage de saturation des valeurs à partir des valeurs extrêmes. À titre d'exemple, nous pouvons donner une valeur 0 au premier 5 % des valeurs faibles et 255 aux derniers 5 % des valeurs fortes. Le rehaussement peut aussi être sélectif. Prenons le cas d'un paysage composé de végétation et d'eau. Dans ce cas, nous trouvons un histogramme dont la distribution des **pixels** est bimodale.

a)

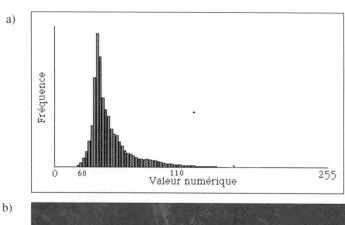

b)

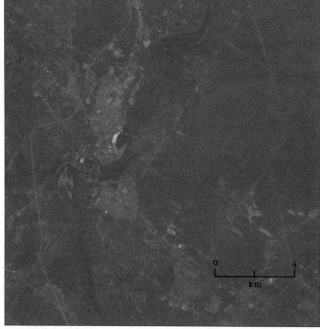

*Figure 5.1. : Histogramme (a) et image brute (b) TM1 de Landsat-5 acquise le 20 août 1984 dans la région de Shawinigan, au Québec. Source : Centre canadien de télédétection.*

a)

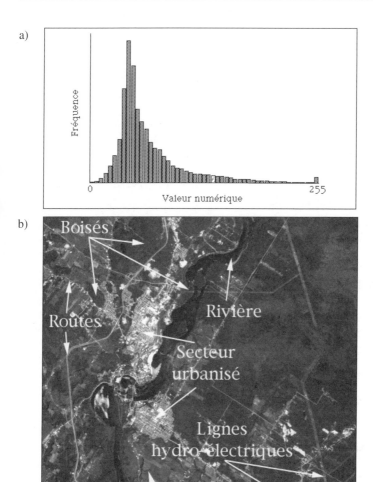

b)

Figure 5.2. : Histogramme (a), image de Shawinigan (figure 5.1) rehaussée par étirement linéaire (b). Quelques modes d'occupation du sol sont mis en évidence.

C'est souvent ce que l'on retrouve dans les **images** infrarouges. Un identifie l'eau tandis que l'autre la végétation. Nous pouvons rehausser les contrastes de l'un ou de l'autre en segmentant l'histogramme, c'est-à-dire en ne prenant que les valeurs à l'intérieur de la limite de chaque mode. Par la suite, il est possible de jumeler ces rehaussements afin de créer une seule image avec un optimum de qualité visuelle pour les deux unités d'occupation du territoire étudié. La figure 5.3 est un exemple de rehaussement par thème. Nous avons effective-ment rehaussé indépendamment l'eau et l'occupation du sol sur le même sec-teur mais en utilisant cette fois la bande TM4. Par la suite, nous avons jumelé ces thèmes afin de créer une nouvelle **image** dont les contrastes sont aussi informatifs pour les deux thèmes. Ce n'était pas le cas lors du premier étire-ment linéaire (figure 5.2).

Des techniques non linéaires ont aussi été développées. La plus connue est celle d'une répartition plus égale des fréquences de l'histogramme par isopo-pulation (*histogram equalization*). Théoriquement, il s'agit d'assigner un nombre de **pixels** à peu près égal pour chaque valeur numérique. D'après Jensen [33], cette approche peut réduire les contrastes dans les parties très pâles et très foncées de l'**image** dans le cas d'une distribution unimodale. Visuellement, nous devons nous attendre à une saturation des **teintes** aux extrêmes mais à un bon contraste pour la partie principale de l'histogramme (figure 5.4). Une approche logarithmique est aussi proposée. Son utilisation a pour conséquence de rehausser fortement les valeurs numériques faibles de l'histogramme. Sa fonction inverse permet de rehausser les valeurs fortes.

## 5.2.2. Sur la banalisation du bruit

En observant attentivement la figure 5.4, nous notons que l'**image** est affublée d'un manteau textural indésirable. En effet, nous percevons des **pixels** isolés qui ont des valeurs tout à fait différentes de celles de leur environnement immédiat.

Ce phénomène s'appelle le **chatoiement** ou l'effet poivre et sel. On le retrouve sur les **images** provenant de la bande du bleu et surtout dans les hyperfréquences actives (**radar**). Pour ces dernières, la **rugosité de surface** est à l'origine du pro-

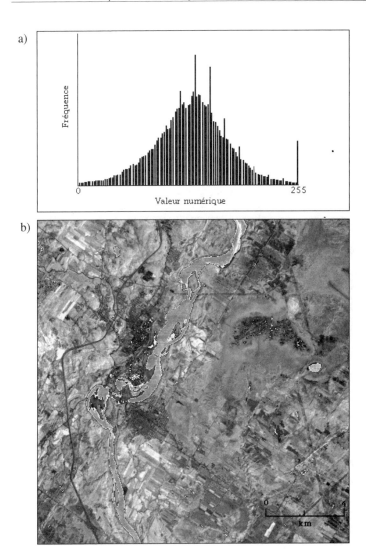

a)

b)

*Figure 5.3. : Histogramme (a) et image TM 4 de Shawinigan rehaussée par thèmes (b).*

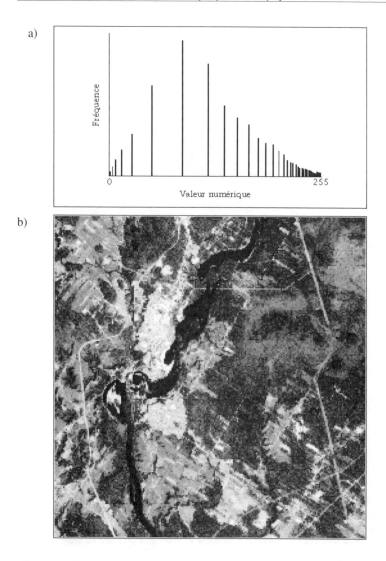

*Figure 5.4. : Histogramme (a) et image TM 1 de Shawinigan rehaussée par isopopulation (b).*

blème. Ce type de **bruit** (haute fréquence spatiale) peut être atténué par des filtres qui permettent de les éliminer en ne conservant que les basses fréquences spatiales c'est-à-dire les **pixels** qui n'ont que peu de changements de **valeur numérique** dans l'espace. Ces filtres sont appelés passe-bas.
Nous y reviendrons à la section 5.2.3. Les plus connus sont le filtre moyen et le filtre médian.
Leur niveau d'efficacité dépend de la dimension du filtre et des caractéristiques spatiales des objets sur l'**image**. Plus on augmente la dimension du filtre (3 x 3, 5 x 5, 11 x 11), plus nous devrions obtenir une atténuation du **bruit**.
Le filtre moyen effectue bien son opération de **lissage**. Cependant, il engendre une **image** embrouillée car il lisse tout, même les arêtes des objets. Quant au filtre médian, son efficacité n'est pas entachée de ce problème. Il garde distincte les limites de contour des objets. Sur la figure 5.5, nous proposons une comparaison visuelle du résultat de l'utilisation des deux filtres sur la même **image**.

D'autres avenues sont possibles afin d'éliminer les hautes fréquences spatiales par l'intermédiaire de filtres linéaires. Eastman [24] propose un filtre gaussien et un filtre mode. Les résultats visuels se situent entre le filtre moyen et le filtre médian.

Dans le cas des **images radar**, l'approche est particulière. Bien que l'on puisse éliminer l'effet de **chatoiement** par l'intermédiaire du filtre médian avec un certain succès, il n'en demeure pas moins que l'utilisation de ce filtre sur des **images radar** peut altérer les arêtes des objets. En conséquence, des filtres particuliers ont été développés pour ce genre d'image. Les plus connus sont les filtres de Lee et de Frost (sous différentes versions ou adaptations). Les recherches se poursuivent sur les techniques de filtrage.

Certaines formes de **bruit** se retrouvent systématiquement sur des **images**. Il s'agit du **lignage** (*striping*). Il est provoqué par la dérive des valeurs initiales de la calibration des **capteurs** et une modification dans leurs réponses spectrales. Visuellement, ce phénomène se manifeste au niveau spectral dans les fenêtres couvrant les petites **longueurs d'onde** (surtout dans le bleu et le vert)

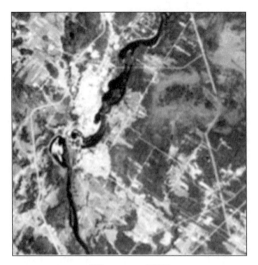

*Filtre moyen 5 X 5*

*Filtre médian 5 X 5*

*Figure 5.5. : Utilisation des filtres moyen et médian sur l'image TM 1 de Shawinigan présentée à la figure 5.4.*

et au niveau spatial dans des secteurs où les **valeurs numériques** sont assez homogènes. L'eau constitue un excellent contexte naturel pour la manifestation de ce phénomène. Pour des raisons techniques liées à la conception des **capteurs**, cette forme de **bruit** peut, par exemple, se manifester d'une façon horizontale pour certaines données MSS et TM de Landsat et verticale pour certaines données de SPOT. Sur la figure 5.6, nous illustrons ce problème sur une portion d'**image** rehaussée spectralement. Elle montre en effet que le **lignage** se manifeste surtout dans l'eau. Il est moins perceptible sur les surfaces solides comme le sol au nord-ouest ou la glace au centre nord de l'**image** (surface blanche). Notons que, dans cet exemple, la modification des valeurs causée par ce problème se manifeste à toutes les 16 lignes, ce qui correspond au nombre de détecteurs du **capteur** TM de Landsat-5.

Il est possible d'atténuer, voire même de faire disparaître ces effets à l'aide de différentes fonctions mathématiques connues. Ne retenons que la transformée de Fourier qui, d'après Robin [53], est une méthode linéaire globale visant à analyser les fréquences spatiales. Elles se définissent comme étant la manière selon laquelle les **valeurs numériques** (et, *a fortiori*, les **teintes** de gris) des **pixels** changent par rapport à leurs voisins. Si la variation des valeurs est faible, nous sommes alors en présence de basses fréquences. Une variation drastique d'un **pixel** à l'autre est caractéristique des hautes fréquences.

Cette opération engendre une vision bidimensionnelle de dispersion des fréquences spatiales (spectre de Fourier), les basses fréquences étant au centre et les hautes fréquences en périphérie. Dans l'exemple présenté, le **lignage** horizontal est un exemple de haute fréquence spatiale. Il se manifeste dans le spectre de Fourier par une composante verticale. Pour éliminer ce **bruit**, un filtre est utilisé pour masquer ces hautes fréquences. La résultante peut être présentée visuellement en effectuant l'inverse de la transformée. Des auteurs tels que Lillesand et Kiefer [39] et Jensen [33] proposent une analyse plus exhaustive de cette opération.

D'après Eastman [24], une élimination de ce type de **bruit** est aussi possible par l'**analyse en composantes principales** (ACP). Comme nous le verrons plus loin, elle est souvent utilisée pour éliminer la redondance entre les bandes

*Figure 5.6. : Sous-image TM 2 de Landsat-5 acquise le 17 avril 1985 au-dessus de l'entrée du lac Saint-Pierre situé à environ 130 km au nord-est de Montréal, au Québec.*

spectrales d'origine. Elle peut aussi servir à isoler le **bruit** d'une **image**. L'expérience démontre qu'il est toujours confiné dans les composantes qui ne comptent qu'un minimum de variance. Sur la figure 5.7, nous voyons comment le **lignage** est concentré dans la composante principale no 6 alors que la composante no 1 exprime les variances de l'occupation du sol.

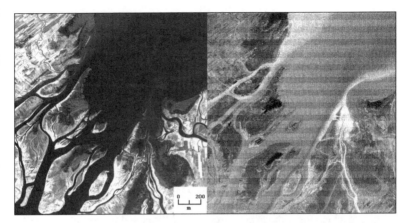

*Figure 5.7. : Composantes principales 1 et 6 des bandes TM1, 2, 3, 4, 5 et 7 de la sous-image du 17 avril 1985 acquise au-dessus de l'entrée du lac Saint-Pierre, au Québec.*

Avant d'élaborer sur les thèmes de généralisation des unités spatiales et de l'isolation d'objets spécifiques, il nous apparaît pertinent de présenter le concept du filtre. Notons d'abord qu'un filtre est associé à toute forme d'opération (numérique ou analogique) visant à éliminer des informations indésirables. En télédétection, il aide à faire ressortir certains éléments ou caractéristiques des composantes d'une image dans le but de favoriser une meilleure détection. Ainsi, leur analyse en sera facilitée. Il existe deux grandes familles de filtres : analogiques et numériques.

Le plus connu des filtres analogiques est utilisé pour la prise des photographies aériennes. Il coupe systématiquement les **longueurs d'onde** inférieures au jaune c'est-à-dire surtout celles du bleu. Ainsi, il atténue fortement les effets de **diffusion** de l'atmosphère dans les petites **longueurs d'onde**, favorisant ainsi une accentuation des contrastes sur la photographie. Il s'agit du filtre jaune que l'on pose généralement sur la lentille de la caméra ou parfois sur le film lui-même.

Pour le volet numérique, on divise les filtres en deux catégories : spectral et spatial. Le filtre spectral bloque ou laisse passer l'énergie, en fonction des fenêtres avec lesquelles nous souhaitons travailler. Il intervient aussi sur la limite des **valeurs numériques** que l'on souhaite étudier. Un masque est en quelque sorte un filtre spectral qui permet d'isoler une partie de ces valeurs afin d'étudier de façon indépendante différents thèmes d'occupation du sol par exemple. En ce qui concerne le filtre spatial, il dépend de la fréquence spatiale, c'est-à-dire du comportement des **valeurs numériques** sur une **image**.

Techniquement, lorsque l'on fait courir un filtre sur une base d'information numérique, il en résulte une nouvelle matrice d'information qui peut être transformée en **image** en remplaçant les **valeurs numériques** résultantes par des niveaux de gris. En fait, un filtre calcule des nouvelles valeurs par l'intermédiaire d'une opération mathématique sur un **pixel**, tout en prenant en compte la valeur de ses voisins. Pour un filtre spatial, l'opération est appelée convolution. Elle se définit comme étant l'action de passer une fenêtre mobile sur une **image**, ce qui engendre la création d'une nouvelle **image** où la valeur de chaque **pixel** est fonction de celle trouvée sur l'**image** d'origine et des coefficients inscrits dans la fenêtre qui est choisie par l'opérateur.

### 5.2.3. Sur la généralisation des unités spatiales

À la section précédente, nous nous sommes attardés à l'utilisation de filtres afin de banaliser le **bruit** inhérent à certaines **bandes spectrales**. Ces mêmes filtres ont comme avantage de généraliser des unités spatiales (voir figure 5.5). Dans ce cas, ce genre de filtre rehausse les fréquences spatiales ne variant que faiblement sur un bon nombre de **pixels** c'est-à-dire les basses fréquences. C'est le cas, par exemple, d'un champ en culture. Avec un filtre moyen ayant une dimension de 3 x 3, pour chaque **pixel** filtré, l'opération de convolution s'effectue telle que nous l'illustrons sur la figure 5.8.

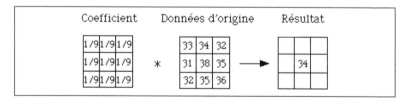

*Figure 5.8. : Représentation du filtre moyen et résultat.*

Dans ce cas-ci, la valeur centrale du **pixel** d'origine est remplacée par la valeur résultante de l'opération suivante : $(1/9^*33) + (1/9^*34) + (1/9^*32) + (1/9^*31) + (1/9^*38) + (1/9^*35) + (1/9^*32) + (1/9^*35) + (1/9^*36) = 34$. L'opération s'effectue ainsi pour tous les **pixels** composant l'**image**. La dimension du filtre peut être variable (ex : 5 x 5, 11 x 11, 33 x 33). Plus le filtre est de grande dimension, plus la généralisation est prononcée.

D'autres filtres passe-bas ont été développés afin de répondre aux besoins d'une meilleure visualisation des unités spatiales. Eastman [25] propose le filtre médian qui remplace le **pixel** central d'origine par la valeur médiane des données contenues dans la fenêtre. Rappelons qu'il a comme avantage sur le filtre moyen de conserver les arêtes, c'est-à-dire le contour des objets. Il est aussi possible d'utiliser le filtre mode qui assigne au **pixel** central la valeur la plus commune que l'on retrouve dans la fenêtre. Un filtre gaussien peut être appliqué aux données d'origine. Il présente des résultats visuels souvent similaires au filtre moyen. Enfin, un filtre que l'on nomme filtre de *Lee* modifié (*adaptive box filter*) est disponible sur plusieurs logiciels. D'après Jensen [33], il est basé sur le principe que, si la valeur d'un **pixel** dans une fenêtre dévie de plus d'un ou de deux écarts-types (selon la limite imposée par l'opérateur), il est remplacé par la valeur moyenne des **pixels** contenus dans cette fenêtre. Il est particulièrement utile pour enlever l'effet de **chatoiement** que l'on retrouve sur les **images radar**. Sur la figure 5.9, nous montrons l'efficacité de ce filtre sur une **image radar**. L'**image** de gauche (a) correspond à une **image** corrigée géométriquement et rehaussée visuellement par l'approche linéaire avec saturation. L'**image** de droite (b) est une conséquence de l'application d'un filtre de *Lee* modifié de dimension 7 x 7. Les résultats montrent une grande amélioration quant à la qualité visuelle générale de l'**image**.

### 5.2.4. Sur l'isolement d'objets spécifiques

Si la variation des **valeurs numériques** est élevée sur un petit nombre de **pixels** consécutifs (ou une courte distance géographique), on traite de haute fréquence. La route en est un exemple type. Un filtre passe-haut bloquera les basses fréquences afin de ne révéler visuellement que les hautes fréquences. Il peut être directionnel ou non directionnel. À titre d'exemple, une convolution

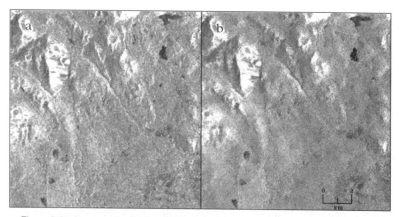

*Figure 5.9. : Image radar RSO de ERS-1 d'un secteur de la région de Charlevoix, au Québec. Il se situe à environ 340 km au nord-est de Montréal. L'image a) est rehaussée mais non filtrée. L'image b) est filtrée afin d'atténuer l'effet de chatoiement.*

laplacienne et un filtre Sobel ont été réalisés à partir des matrices 3 x 3 comme l'indique la figure 5.10 a). La figure 5.10 b) contient les deux exemples de filtre passe-haut. Ils laissent clairement ressortir deux niveaux d'information différents. L'**image** de gauche représente l'utilisation d'un filtre laplacien (sans direction préférentielle) qui a été ajouté à l'**image** d'origine. Celle de droite est le résultat du passage d'un filtre directionnel de type Sobel avec un gradient de direction nord-ouest sur la même image d'origine. Il est à noter le rehaussement visuel d'objets spécifiques tels que les rues de la ville (à gauche) et les limites de la rivière (à droite).

D'autres filtres directionnels ou non sont utilisables en télédétection. Pour les rehaussements des arêtes (éléments à tendance linéaire), notons les filtres directionnels de Prewitt et de Kirsch (Levine [38]).

Il existe enfin des filtres à vocation particulière. En voici un exemple. De la morphologie mathématique peut découler des filtres morphologiques. Robin [53] mentionne que des éléments structurants, de formes diverses qui sont décidés par l'opérateur jouent ni plus ni moins le rôle de filtre spatial car ils rehaussent des groupes de **pixels** qui correspondent à ces éléments structurants

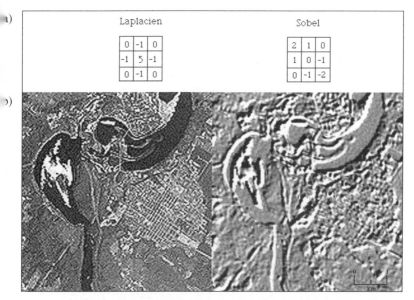

*Figure 5.10. : Sous-image TM3 de la région de Shawinigan, au Québec, acquise le 20 août 1984 et modifiée par un filtre laplacien (à gauche) et directionnel de Sobel (à droite).*

préétablis. Les opérations d'**érosion** et de **dilatation** sont possibles. Elles engendrent un amincissement ou une amplification des formes. Cette approche offre beaucoup de potentiel notamment pour l'identification des changements en milieu urbain. Citons par exemple les travaux de Maupin *et al.* [43].

## 5.3. Les signatures spectrale et spatiale

### 5.3.1. La signature spectrale des grandes composantes terrestres

La télédétection ne permet de capter directement que les **signatures spectrales** des objets. C'est en quelque sorte un code d'identification qui est propre à chaque objet. En théorie, il n'y a pas de **signatures spectrales** qui soient parfaitement identiques au même titre que les empreintes digitales des êtres humains. Il est cependant important de noter à ce moment que la signature des objets variera en fonction de paramètres tels que l'**élévation solaire**, l'**angle de visée** et la précision spatiale et spectrale du **capteur** ainsi que la **forme**, la taille, la **texture** et l'**arrangement** des objets. Ces signatures ou particularités spectrales peuvent être classées en trois grandes catégories : l'eau, la végétation et les surfaces minérales.

Les instruments développés pour capter les informations provenant des objets terrestres ne peuvent être performants que pour détecter les trois ensembles fondamentaux que l'on trouve à la surface de la Terre. Il s'agit de la terre, de l'eau et de la végétation. De plus, ils ne peuvent à l'origine que détecter leur **énergie réfléchie** ou **émise**, ce qui correspond dans les faits aux valeurs spectrales des **pixels** qui les composent. L'identification même des sous-ensembles nécessite d'autres paramètres tels la **forme**, la taille, la **texture** et l'**arrangement**.

> *Lorsque l'on traite de signature spectrale, on ne fait référence qu'à la quantité d'énergie qui provient d'un objet et qui est détectée par un capteur en fonction de la longueur d'onde. C'est comme une empreinte digitale qui est propre à cet objet.*

Les **capteurs** hyperspectraux disponibles aujourd'hui permettent de présenter avec grande précision les **signatures spectrales** de plusieurs objets terrestres. Une grande quantité de banques de signatures existe dans la littérature et sur des sites Internet. Les quelques exemples qui suivent confirment cette variété de signatures. Il est important de noter que pour celles qui sont présentées ici, il n'y a pas d'effet dû à l'atmosphère.

L'eau de mer n'a qu'une signature très faible, dans les petites **longueurs d'onde**. La figure 5.11, montre qu'elle dépasse rarement 5 % de **réflectance** dans les ondes visibles et dans l'infrarouge réfléchi. Pour les ondes thermiques, l'énergie émise, qui est en fait sa signature, dépend de sa température. Il faut noter, qu'à cause de la très grande portée de l'énergie détectée, les valeurs, dans le graphique, sont représentées sous forme logarithmique.

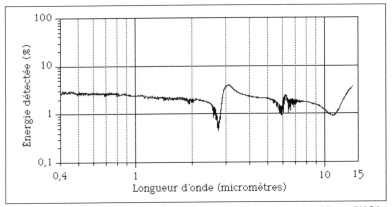

*Figure 5.11. : Signature spectrale de l'eau de mer. Source : Aster spectral library/NASA.*

Signalons qu'une eau turbide présente une signature fort variable. Elle est déterminée par les constituants en suspension près de ou à la surface.

La **signature spectrale** de l'eau peut se comporter d'une façon différente lorsqu'elle est sous forme solide, que ce soit de la neige ou de la glace. Sur la figure 5.12, nous soulignons cette différence. Il est à remarquer la forte **réflectance** de la neige dans le visible et le proche infrarouge à l'exception des deux bandes d'absorption situées entre 1 et 2 μm. Quant à la glace, elle se comporte de la même façon que l'eau de mer à l'exception que l'énergie détectée est légèrement plus élevée et que l'amplitude entre les valeurs est parfois plus grande. Tout comme l'eau de mer, notons la forte absorption dans la zone où la **longueur d'onde** varie de 2,5 à 2,9 μm.

Sur la figure 5.13, nous représentons la **signature spectrale** de différents types de végétaux que l'on peut trouver couramment. Elle illustre aussi l'impact de l'eau sur le comportement spectral de ces éléments. En effet, pour le gazon sec, le pourcentage d'énergie reçu au **capteur** est nettement plus élevé dans la plupart des **longueurs d'onde**. Les courbes de **réponse spectrale** des trois autres unités correspondent au comportement normal de la courbe de **réponse spectrale** générale de végétation présentée par Lillesand et Kiefer [39].

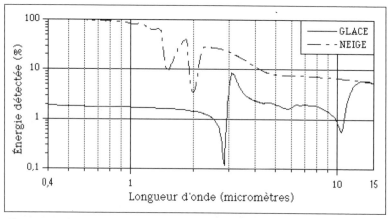

*Figure 5.12. : Signature spectrale de la glace transparente et de la neige à grain moyen.*
*Source : Aster spectral library/NASA.*

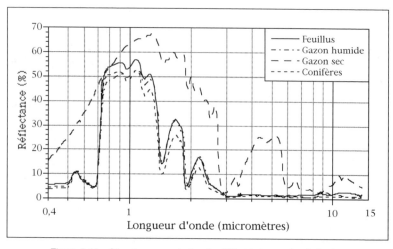

*Figure 5.13. : Signatures spectrales de différents types de végétation.*
*Source : Aster spectral library/NASA.*

L'effet atténuateur de l'eau dans les objets terrestres se manifeste aussi au niveau des sols. Sur la figure 5.14, nous illustrons la différence d'énergie détectée entre un sol sec (ex : sable dunaire) et un autre pouvant contenir une bonne quantité d'eau (ex : argile brune). Il faut cependant noter que l'impact de la présence de l'eau se manifeste surtout dans les ondes **réfléchies**, c'est-à-dire entre 0,4 et 2,5 µm. Elle n'est pas pour autant négligeable dans les **longueurs d'onde** plus grandes. Dans ce cas, c'est surtout le bilan thermique à l'épiderme de l'objet qui détermine la quantité d'énergie émise et détectable.

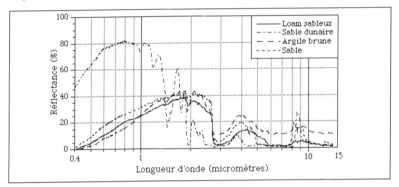

*Figure 5.14. : Signatures spectrales de différents types de sols.*
*Source : Aster spectral library/NASA.*

Pour les hyperfréquences actives, nous pouvons difficilement utiliser le terme de **signature spectrale** en tant que tel, car les **capteurs** développés actuellement fonctionnent rarement avec plus d'une **bande spectrale**. Nous retrouvons plus souvent le terme **signal** d'un objet. Il est grandement influencé par la rugosité de surface de la cible ainsi que par ses propriétés diélectriques. En fonction du temps, les **signatures spectrales** se modifient. Quelques auteurs utilisent l'expression signature temporelle. L'exemple que l'on peut retenir est celui de l'évolution phénologique d'un couvert végétal tel que proposé dans Robin [53]. Il est cependant intéressant de noter que la vision de la Terre en fonction de la signature temporelle des objets est particulièrement utile pour le suivi de l'évolution de phénomènes catastrophiques tels que la désertification par l'intermédiaire des **indices de végétation**.

Grâce aux images des satellites météorologiques, il est possible de suivre ce phénomène à partir d'une base de données étalée sur près de 30 ans. À titre indicatif, sur la figure 5.15, nous présentons sur une base annuelle le suivi temporel de la **signature spectrale** dans certains secteurs de l'Afrique. Dans le cas de la partie nord du delta du Nil, notons la grande variation de la valeur de l'indice de végétation normalisé (*NDVI*). Par contre, dans le désert de Nubie, nous constatons des valeurs relativement faibles et égales tout au long de l'année. Entre ces deux extrêmes, notons des variations dans le temps qui sont surtout dépendantes de la latitude et de l'altitude des secteurs étudiés.

Dans un autre ordre d'idées, il arrive parfois que nous retrouvions dans la littérature l'expression **signature spatiale**. Nous avons tout intérêt à l'utiliser à l'aube d'une importante transformation dans l'analyse des images, surtout avec l'arrivée des satellites équipés de **capteurs** haute **résolution** spatiale. Le retour de l'approche qualitative dans l'interprétation (jumelée avec le traitement numérique préalable) nous incite à se remémorer les grands principes de la photo-interprétation.

Gagnon [29] mentionnait que la **forme**, la taille, la **teinte**, la **texture** et l'**arrangement** constituaient les variables les plus importantes pour l'identification et l'analyse d'une photographie. Robin [53] définit la **signature spatiale** de la façon suivante : il s'agit de « l'**arrangement** caractéristique des parties d'un objet permettant de l'identifier ». Cette définition implique aussi, selon nous, les aspects de la **forme**, de la taille et de la **texture** des objets. Les deux premiers sont surtout associés au contenant (limite, morphologie). Le troisième est surtout lié au contenu, c'est-à-dire à un ensemble de **pixels,** ayant des valeurs spectrales identiques ou très semblables, qui forme une unité spatiale au niveau de la **teinte** sur une **image**. À la lumière de ces informations, nous pourrions reformuler la définition de la **signature spatiale**.

> *Lorsque l'on traite de signature spatiale d'un objet, on fait référence à ses caractéristiques morphologiques, structurelles et dimensionnelles. Il s'agit donc d'abord de son enveloppe externe, plus communément appelée contenant. À cela s'ajoutent les caractéristiques du contenu, lequel est identifié par sa texture.*

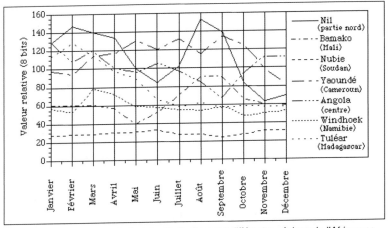

*Figure 5.15. : Indice normalisé de végétation pour différentes régions de l'Afrique en 1987. Source : United States Geological Survey (USGS).*

Pour bien identifier la **signature spatiale** des objets, il est nécessaire que «l'échelle (ou **la résolution spatiale**) du document soit bien adaptée à la thématique» (Robin [53]). Ce n'est que dans ce contexte qu'il sera possible de réaliser une interprétation précise et utile. Dans le cas des milieux urbains et d'une identification fine des essences forestières, par exemple, il est difficile encore aujourd'hui d'obtenir une **signature spatiale** qui convienne aux besoins des décideurs et des planificateurs. Le tournant du siècle apportera cependant les outils nécessaires qui serviront à repousser cette barrière spatiale jusqu'à des échelles comparables à celles des photographies aériennes couramment utilisées. Sur la figure 5.16 nous donnons un aperçu des possibilités qui s'offriront à nous bientôt au plan satellitaire. Il s'agit d'une image infrarouge aéroportée acquise le 20 août 1984 à 10h30, heure locale. Elle a une **résolution spatiale** de 3 m. Sa finesse spatiale est remarquable et nous permet d'identifier des **formes**, des tailles, des **arrangements** et des **textures** différentes.

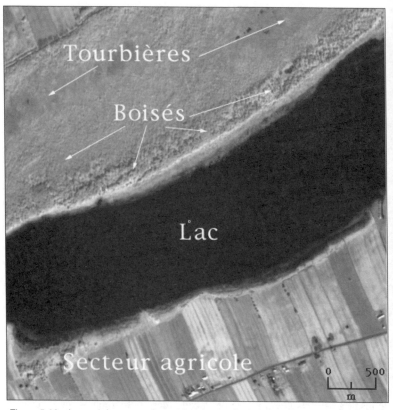

*Figure 5.16. : Image infrarouge aéroportée à haute résolution spatiale acquise le 20 août 1984 au-dessus d'un milieu rural, près de Trois-Rivières, au Québec.*

## 5.3.2. Les méthodes de compartimentation de l'espace spectral

Utiliser l'expression espace spectral indique la voie à suivre pour en arriver à bien informer le lecteur sur les informations que l'on peut extraire à partir d'images **multibandes**. L'acquisition des données dans différentes **bandes**

**spectrales** et l'amalgame de celles-ci constituent les deux étapes à franchir afin de rendre la télédétection utile, voire même indispensable dans certains cas comme dans l'analyse de territoires difficilement accessibles. Naturellement, plusieurs objets terrestres sont identifiables sans un besoin excessif de traitement. Souvent, un rehaussement de contraste sur toute l'**image** étudiée suffit à répondre à des besoins de connaissances de base. Il est aussi possible de détecter des objets qui sont parfois plus petits que la dimension d'un **pixel**. C'est le cas des routes lorsque leur signature spectrale dans différentes bandes est nettement contrastée avec les unités d'occupation du sol environnantes.

L'omniprésence d'information sur les **images multibandes** fait souvent en sorte qu'il devient difficile d'extraire celle souhaitée parce qu'elle ne ressort pas suffisamment de l'environnement spectral dans lequel elle se trouve. Nous devons alors recourir à des méthodes d'extraction qui ont une assise mathématique ou statistique. C'est le cas des rapports de bandes et de l'**analyse en composantes principales**. Il y a donc transformation des données d'origine.

### A) Les rapports de bandes

L'utilité première de l'approche par rapport de bandes réside dans le fait que les effets d'illumination sont grandement réduits. Cette opération devient parfois nécessaire lorsque les valeurs spectrales d'une zone homogène contiennent des différences dues aux effets combinés de l'**angle solaire** et de la topographie. Des effets d'ombrage indésirables modifient donc les valeurs et engendrent des interprétations erronées. Dans un autre ordre d'idées, l'utilisation du rapport de bandes permet de relever les différences spectrales subtiles d'objets ou cibles sur une **image**. D'après Lillesand et Kiefer [39], plusieurs combinaisons sont possibles. Bien que certaines soient bien connues (bande infrarouge/bande rouge pour la végétation, bande rouge/bande bleu pour la reconnaissance de formations géologiques), il faut reconnaître que nous devons expérimenter ces rapports en fonction de nos objectifs d'extraction et des bases de données mises à notre disponibilité. La variation parfois forte des valeurs spectrales pour un objet en fonction du moment de l'année et de la physiographie du paysage fait en sorte que la stratégie essai-erreur demeure encore la voie à suivre. Elle est cependant balisée par le niveau de corrélation entre les bandes.

En effet, plus la corrélation est faible, plus il est possible d'extraire de l'information. Sur la figure 5.17, nous présentons quelques exemples d'**images** résultant de l'utilisation de l'approche par rapport de bandes simples. Cette figure illustre comment certains rapports de bandes peuvent nous aider à extraire des informations pertinentes, parfois difficilement détectables à partir d'une seule bande. Le résultat du rapport de bande TM 3/TM 4 (a) suggère une bonne concentration de sédiments en suspension au sud de l'île. Le rapport (TM 3/TM 6) (b) illustre bien les résidus de glace (en blanc) ainsi que de la matière en suspension dans l'eau qui passe cette fois au nord de l'île.

Les rapports TM 4/TM 5 (c) et TM 4/TM 7 (d) ne donnent pas d'information supplémentaire ou complémentaire significative. :

Il existe un domaine où le développement d'indices a suscité énormément d'intérêt. Il s'agit de la végétation. Selon Bannari [4], une quarantaine d'indices ont été développés jusqu'à maintenant. Le plus connu est le *NDVI (Normalized Difference Vegetation Index)* ou indice de végétation normalisé (IVN). Proposé par Rouse *et al.* [55], il est basé sur la forte différence de comportement du **rayonnement électromagnétique** face à la chlorophylle dans les bandes du rouge et de l'infrarouge. Il y a une forte **absorption** par les pigments des feuilles (principalement par la chlorophylle) dans le rouge. Au contraire, il y a une forte **réflexion** dans l'infrarouge, laquelle est principalement due à la diffusion de l'énergie au niveau de la structure cellulaire des feuilles. En conséquence, l'indice sera d'autant plus élevé qu'il y aura de la végétation. L'équation peut s'écrire ainsi :

$$NDVI = \frac{Pr\ IR - R}{Pr\ IR + R}$$

où        Pr *IR* = proche infrarouge et *R* = rouge.

La figure 5.18 présente une image d'indice *NDVI* pour un environnement froid tempéré humide. Elle illustre l'intensité des valeurs en fonction de la présence de la végétation.

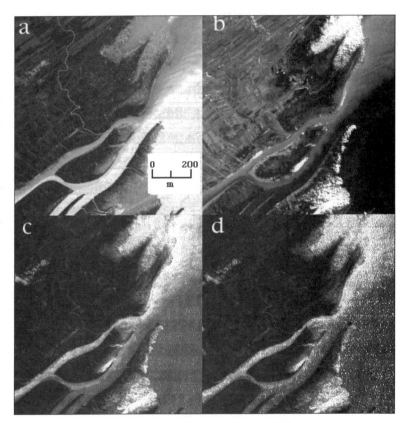

*Figure 5.17. : Quatre rapports de bandes pour un territoire situé sur le côté sud-ouest du lac Saint-Pierre, au Québec : a) TM 3/TM 4, b) TM 3/TM 6, c) TM 4/TM 5, et d) TM 4/TM 7. L'image TM de Landsat-5 a été acquise le 17 avril 1985*

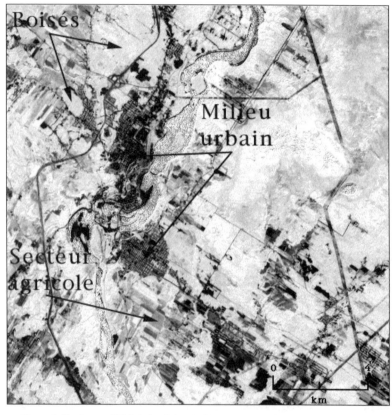

Figure 5.18. : Image NDVI de la région de Shawinigan, au Québec, à la fin du mois d'août 1984

L'exemple des boisés, au nord, et du secteur agricole, au sud, en fait foi. Là, l'indice normalisé de végétation est très élevé. Notons que certains champs agricoles ont une valeur très faible. Cela provient du fait que les champs ont été labourés ou que la moisson a été faite, laissant ainsi une grande partie de la **signature spectrale** du sol transparaître. L'intensité du signal visuel est beaucoup plus faible dans les environnements urbains. La domination de la composante minérale des objets en est la cause.

## B) Les transformées

Une des transformées les plus utilisées est celle de Hotelling (Bonn [10]). Plus connue sous l'appellation **analyse en composantes principales** (ACP), il s'agit d'une technique de transformation de type linéaire qui est associée à l'analyse factorielle. Elle est utilisée en télédétection dans le but premier d'éliminer la redondance entre les différentes bandes spectrales. Elle devient alors une technique de compression de données. Il est en effet d'ores et déjà reconnu qu'il existe des relations causales entre différentes bandes spectrales. L'exemple entre les bandes TM 1 et TM 2 de Landsat est souvent cité. Sur la figure 5.19, nous montrons comment cette corrélation peut être élevée (r= 0,8793).

Habituellement, les deux ou trois premières composantes peuvent expliquer presque toute la variance des valeurs de réflectance des différentes bandes spectrales considérées. Les autres composantes contiennent habituellement les effets nuisibles à l'interprétation. Ce genre de transformée permet de détecter d'une façon beaucoup plus claire certains objets qui étaient en partie masqués par de l'information inutile (le **bruit**). Sur la figure 5.20, nous montrons le type d'information que l'on peut extraire des quatre premières composantes.

Sur la première composante (a), on note la dominance de l'infrarouge réfléchi. Elle fait ressortir surtout les zones à forte concentration de chlorophylle (secteurs en blanc). L'eau apparaît en noir. La deuxième composante (b) est plus liée à la bande rouge qui fait ressortir l'occupation du sol. Nous pouvons aussi noter les nuances dans les **teintes** de l'estran. Pour ce qui est de la troisième composante (c), nous percevons surtout d'une façon claire les sédiments en suspension dans l'eau, laissant surtout dominer l'information dans la bande du bleu. Enfin, la quatrième composante (d) isole en quelque sorte le **bruit**.

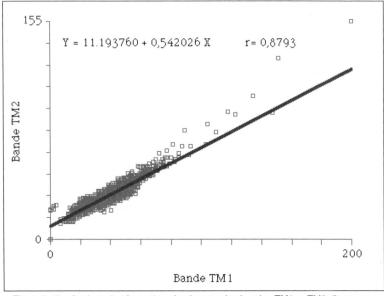

*Figure 5.19. : Analyse de régression simple entre les bandes TM1 et TM2 d'une sous-image 512 x 512 de la région de Charlevoix, au Québec, acquise le 25 septembre 1988.*

En télédétection, la manipulation des données faite dans un objectif d'extraction d'information utile se fait surtout dans une perspective de référence spatiale. Or, il existe des approches qui sont basées sur la fréquence spatiale. C'est le cas de la transformée de Fourier. En matière de traitement d'image, c'est une technique mathématique qui consiste à compartimenter une image en fonction de ses différentes composantes de fréquence spatiale. L'expression fréquence spatiale est définie, d'après Bonn et Rochon [11] comme étant le nombre d'oscillations (cycles) par unité d'espace. Plus le nombre d'oscillations est élevé, plus on se réfère à la haute fréquence et vice-versa. Sur la figure 5.21, nous illustrons ce concept.

*Figure 5.20. : Les quatre premières composantes principales d'une image TM acquise le 25 septembre 1988 dans la région de Charlevoix, au Québec : a) composante 1, b) composante 2 c) composante 3, d) composante 4.*

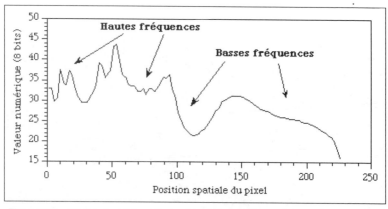

*Figure 5.21. : Profil radiométrique illustrant les types de fréquences sur une image TM 3 de Landsat-5.*

Tel qu'indiqué dans la section 5.2.2, ce genre de transformée est particulièrement utile pour la restauration et les **corrections radiométriques** d'**images**. Elle l'est aussi pour l'extraction d'information linéaire. Bien que les logiciels et les ordinateurs actuellement utilisés soient très performants, il n'en demeure pas moins que, compte tenu de la complexité des calculs et de la taille des images disponibles aujourd'hui, l'efficacité de la transformée de Fourier a un coût : le temps d'opération.

### 5.3.3. Le besoin d'une classification nuancée : la fin de l'approche binaire

Les informations numériques contenues dans les différentes bandes spectrales d'une **image** peuvent être classifiées, c'est-à-dire compartimentées dans des classes de valeurs qui, à leur tour, sont déterminées par l'analyste ou par l'ordinateur. Il en ressort des produits visuels interprétables et intégrables dans des systèmes d'information. Jusqu'à tout récemment, les méthodes de classification utilisées étaient celles qui avaient été développées au début de la télédétection moderne, soit à l'arrivée des premiers satellites d'observation de la

Terre. Plusieurs recherches de compartimentation spatiale par la classification ont engendré des cartographies d'occupation du sol dont l'utilité était souvent mise en doute. Bien que statistiquement précises, les **images** étaient classifiées en fonction de thèmes qui n'étaient pas suffisamment précis. Une comparaison rapide entre les thèmes retenus dans une légende d'une carte d'utilisation/occupation du sol réalisée avec les moyens conventionnels et ceux provenant des données de télédétection montre que les méthodes de classification ont besoin d'être raffinées. La précision spectrale, radiométrique et spatiale des nouvelles **images** permet cependant un rapprochement avec les thèmes couramment utilisés (Desjardins et Cavayas [20]).

Bonn et Rochon [11] mentionnent que, traditionnellement, la classification se divise en deux entités : la classification dirigée et la classification non dirigée. La première implique que l'on tente d'identifier sur toute une **image** des spécificités du terrain déjà connues. C'est à partir de la **réalité de terrain** que l'on crée des sites d'entraînement, élément essentiel pour la création de la **signature spectrale** des thèmes retenus. Dans le cas de la classification non dirigée, l'analyste tente d'interpréter les informations numériques de l'image selon une classification déterminée par l'ordinateur. Il configure les données sous forme de nuages de points qui déterminent en quelque sorte la **signature spectrale** des thèmes retenus. En conséquence, cette classification propose une **image** qui devra par la suite être confrontée à la **réalité de terrain**.

Compte tenu de son utilisation très répandue, nous nous attarderons seulement sur l'approche dite dirigée. Les approches les plus connues sont les méthodes du parallélipipède, de la distance spectrale minimale et du maximum de vraisemblance. Des auteurs tels Bonn et Rochon [11] et Lillesand et Kiefer [39] présentent les détails nécessaires pour comprendre la mécanique de fonctionnement de ces méthodes.

Dans une perspective d'application, Eastman [25], estime que la méthode du parallélipipède est généralement considérée comme étant l'approche la plus intéressante au niveau pédagogique, la plus rapide mais, en même temps, la moins précise. Les **pixels** sont assignés à des classes de **valeurs numériques** à la condition que leurs valeurs se situent entre les minima et maxima de ces classes. La réalité fait en sorte qu'il y a des chevauchements entre les limites des différentes classes. Ainsi, nous nous retrouvons avec des **pixels** mixtes c'est-à-dire qu'ils peuvent appartenir en même temps à plusieurs classes différentes. La méthode du parallépipède est d'une efficacité limitée quant à l'assignation de ces **pixels** aux classes les plus vraisemblables. Pour ce qui est de la méthode par la distance spectrale minimale, les **pixels** sont assignés en fonction de la plus courte distance spectrale par rapport à la moyenne des valeurs d'une classe. Elle est efficace à la condition que les classes soient bien délimitées et que la variation ou l'écart-type par rapport à la moyenne soit faible. En fait, plus la variation est faible, plus son efficacité est grande. De plus, dans les logiciels de traitement d'**images**, il est souvent possible de spécifier une distance spectrale maximale au-delà de laquelle le **pixel** ne peut être inséré dans cette classe. Enfin, la méthode du maximum de vraisemblance est basée sur le maximum de probabilité qu'un **pixel** puisse être dans une classe. La prise de décision de l'ordinateur est basée sur la moyenne, la variance inhérente de chaque bande et la covariance entre les bandes. Bien qu'elle soit plus lente à réaliser, il n'en demeure pas moins que, si nous avons une **réalité de terrain** précise et, *a fortiori*, des sites d'entraînement homogènes et donc très fiables, cette méthode est la plus efficace. Elle fonctionne aussi lorsque nous avons une distribution normale (gaussienne) des données. Or, ce n'est pas toujours le cas en télédétection.

Les méthodes présentées ci-haut font partie des classifications dites « dures » ou binaires (*hard classifiers*). Dans les récentes recherches on a proposé de nouvelles approches afin de tenir compte de la complexité du signal reçu par rapport aux hautes précisions spectrales et spatiales des données actuelles de télédétection. Il faut en conséquence être plus souple dans les décisions de classification. On parle alors de classification souple (*soft classifiers*). L'approche par la logique floue constitue un exemple fort pertinent car les informations géographiques ne sont pas toujours précises, que ce soit des données de terrain, des données issues de la cartographie ou de la télédétection. Nous traitons d'imprécision en ce sens que les limites spatiales entre les objets ou cibles sont parfois floues, d'où l'intérêt de cette approche. En fait, il s'agit de donner un certain niveau d'appartenance à un **pixel** (normalement entre 0 et 1) en fonction de sa valeur par rapport à celle des limites de classes qui se voisinent. Sur la figure 5.22 nous proposons un exemple de cette approche.

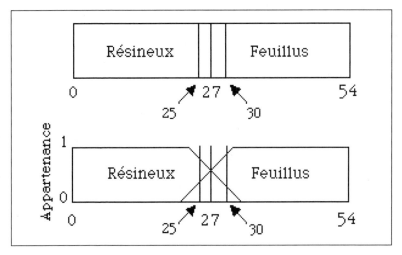

*Figure 5.22. : Comparaison entre une classification de type binaire et une classification souple telle que celle par l'approche de la logique floue. Adapté de Eastman [24].*

Notons que la partie supérieure de l'image n'engendre aucune ambiguïté mathématique quant à l'appartenance des **pixels** ayant les valeurs respectives de 25 et de 30 si l'on tient compte que la limite entre les classes des résineux et des feuillus est de 27. Cependant, dans la partie inférieure, on constate plus de souplesse. En effet, le niveau d'appartenance du pixel ayant une valeur numérique de 25 est de 0,8 pour la classe des résineux et de 0,3 pour celle des feuillus. Par contre, le **pixel** ayant une valeur de 30 a un niveau de 0,25 pour les résineux et de 0,9 pour les feuillus.

Dans les nouveaux outils de classification qui sont développés, il est possible de créer des signatures floues à partir du niveau d'appartenance que peuvent avoir les **pixels**. Par la suite, nous pouvons alimenter une classification dirigée avec ces signatures. Cette méthode devient donc intéressante surtout dans les cas où il existe cette ambiguïté en matière de classification quand il s'agit de **pixels** mixtes. Ce phénomène est de plus en plus présent dans les **images** à haute **résolution** d'aujourd'hui.

## 5.4. Le défi de l'analyse et de l'interprétation

### 5.4.1. L'intervention du numérique : l'ordinateur

L'ordinateur ainsi que les logiciels sont d'abord et avant tout des outils. En fait, ils sont ni plus, ni moins que des aides à la décision. En télédétection, comme dans d'autres disciplines, on oublie trop souvent que cet instrument doté d'une mémoire n'a pas nécessairement les « capacités intellectuelles » pour entrer en compétition avec le cerveau humain. En bref, c'est encore nous qui avons la responsabilité de prendre des décisions à n'importe quel moment du traitement. Les logiciels ont, comme objectif premier, de rendre des informations utilisables en traitant les données et en mettant à notre disposition des produits à valeur ajoutée qui sont emmagasinables dans cette mémoire. N'oublions pas qu'ils opèrent à partir des commandes du cerveau humain. Aujourd'hui, l'ordinateur et les logiciels peuvent nous permettre de proposer des **images** claires et précises sur les objets terrestres. De plus, les sources, le traitement et l'extraction d'information sont d'une richesse telle qu'il est pratiquement possible de produire des résultats à toutes les **échelles** (en incluant les données numériques acquises par avion), non seulement dans une perspective descriptive, mais aussi dans une approche analytique. Avec le temps, l'évolution dans le traitement et l'extraction de l'information a été telle dans certains secteurs que les chercheurs ont délaissé certains types de représentativité de l'espace. C'est le cas pour les méthodes de classification.

Les technologies développées depuis quelques années font en sorte que nous pouvons obtenir des produits servant à la prise de décision d'une très grande fiabilité. À titre indicatif, dans une perspective d'intégration des données de télédétection à un SIG, rappelons d'abord la nécessité de grande précision des

**corrections géométriques** que l'on doit appliquer aux **images**. Nous avons déjà mentionné le SRIT (Système de rectification des images de télédétection) de Toutin [71]. Il démontre que l'on peut obtenir des précisions allant jusqu'au demi **pixel** dans la correction. Il faut cependant mentionner que ce genre de résultat ne peut être réalisable que dans des conditions idéales : 1) une **image** à haute **résolution** (ex : SPOT **panchromatique**), 2) une excellente précision des points de contrôle et 3) un **modèle numérique d'altitude** (MNA) avec une précision de 5 à 10 m. Notons que ces MNA ne sont en général pas disponibles à cette précision. Il faut les créer. Aujourd'hui, plusieurs logiciels offrent cette possibilité. Il faut cependant avoir des cartes topographiques de base fiables et précises. Il n'est pas toujours facile de s'en procurer et encore moins de les créer à un coût abordable.

Le produit de télédétection « exportable » vers des SIG se doit de contenir des informations facilement lisibles. C'est pourquoi la partie traitement et certaines formes d'extraction de l'information sont aussi développées. Notons d'abord les filtres servant à éliminer le **bruit** inhérent au **capteur** et aux propriétés géométriques des objets (rugosité). L'arrivée en force des **images radar** sur le marché a engendré le développement de filtres qui atténuent ces types de **bruits**. Ces filtres spécialisés se nomment ainsi : le filtre adaptif de Lee (*adaptive box filter*), le filtre adaptif de Frost amélioré, le filtre de Kuan ainsi que le filtre Gamma. Lopes *et al.* [40] en présentent une description exhaustive. Voilà un exemple de traitement qui vise à améliorer la qualité visuelle globale d'une **image**.

Des filtres sont aussi développés pour faire ressortir d'une façon particulière certains éléments de l'**image** : c'est le cas des filtres directionnels. Ils ont été développés afin de rehausser les contours des objets mais, contrairement aux filtres passe-haut tel le filtre Laplacien, ils sont orientés en fonction d'un angle particulier. Visuellement, ils ont comme effet d'illuminer le paysage de la même façon qu'une lumière rasante, tout en banalisant la toile de fond. Les travaux de Wang [76] avec le développement du système *(LINDA - LInear-feature and Network Detection and Analysis)* et ceux de De Sève *et al.* [18] sur les linéaments géologiques sont des exemples typiques. Récemment, l'approche de détection des éléments linéaires par l'intermédiaire des réseaux de neurone a été expérimentée dans le cadre d'un projet avec l'Agence spatiale canadienne. Les résultats se sont avérés très encourageants, notamment dans leur application sur les images du satellite canadien Radarsat-I en mode fin. L'extraction d'information bénéficie enfin d'une autre approche en plein développement au niveau des applications. Il s'agit de la morphologie mathématique. Cette méthode est particulièrement utile pour la détection des changements (dynamique spatio-temporelle), tant au niveau du milieu naturel (Callot *et al.* [12]) que de l'espace construit (LeQuéré *et al.* [36]).

## 5.4.2. L'intervention du visuel : le cerveau humain

Dès 1986, Gregory et Moore [31] concluaient une recherche sur les méthodes d'exploitation des données de télédétection en ces termes : « les résultats découlant de la recherche et de la pratique laissent entendre que la classification numérique des données de télédétection ne saura répondre aux besoins imminents en matière de cartographie, à l'exception de thèmes simples ou bien particuliers. L'interprétation humaine, cependant, est en mesure de répondre à un grand nombre de besoins cartographiques actuels ». Les auteurs en concluaient, qu'au cours des 15 prochaines années, des systèmes hybrides composés à la fois des données numériques et analogiques étaient nécessaires afin de réaliser des produits à valeur ajoutée utiles et fiables. Dans une visée d'application, le rapport coût/efficacité devient une variable qu'il faut considérer. Encore aujourd'hui, nous devons donc conclure que les méthodes d'interprétation qui incluent une contribution majeure de la part d'êtres humains expérimentés semblent donner des résultats nettement supérieurs en qualité par rapport aux méthodes numériques. Les auteurs précités estiment que cette supériorité est claire pour les trois aspects suivants : précision de la classification, intégration de **données auxiliaires** et rapport coût/efficacité. Il faut cependant préciser que notre cerveau ne perçoit pas naturellement les caractéristiques d'objets trop abstraits. Même si l'œil est capable de reconnaître les objets à partir de certaines formes liées à son contour, il doit être éduqué pour pousser la reconnaissance et l'analyse plus loin. Notre cerveau a donc besoin de clés d'interprétation basés sur diverses variables (voir section 2.1). Dans la recherche d'une bonne familiarisation avec les indices servant à la reconnaissance et à l'analyse, il ne faut pas sous-estimer l'impact des fausses couleurs sur la perception visuelle. Il est parfois choquant pour l'œil (et le cerveau) de visualiser des **images** provenant de combinaisons fausses couleurs, ce qui entraîne une confusion si on n'est pas éduqué dans ce sens. Il apparaît donc essentiel, à même titre que pour la photo-interprétation, de se familiariser par l'intermédiaire de l'observation de plusieurs composés, à toute sorte de combinaisons pourvu qu'une **réalité de terrain** soit disponible.

À la fin des années 1980, Ryerson [56] soulignait, qu'en matière de télédétection appliquée, nous devrions nous engager dans le futur en ayant en tête les considérations suivantes :

– la vision du futur apparaît claire pour certains aspects, moins pour d'autres ;

– les systèmes experts seront utilisés pour aider au développement de procédures analogiques dans l'interprétation visuelle des **images** semblables aux clés d'interprétation développées dans le passé ;

– ces procédures incluront des informations provenant des SIG ;

– l'interprétation d'**image** se basera sur les critères de **teinte**, de brillance, de **forme**, de **texture**, d'**arrangement**, de taille et de contexte ; il sera toujours difficile de quantifier plusieurs de ces variables ; c'est pourquoi l'interprétation visuelle deviendra l'élément fondamental dans le processus d'extraction d'information ;

– les SIG ou les systèmes d'analyse d'images seront utilisés pour fin d'interprétation de la même manière que les systèmes qui sont développés pour des produits photographiques ;

– les résultats de l'interprétation des images seront intégrés dans un SIG dans une perspective de mise à jour ;

– l'infrastructure nécessaire pour la phase d'interprétation sera beaucoup moins lourde que celle déployée actuellement en SIG et en télédétection ;

– l'industrie devra concentrer une partie importante de sa recherche et de son développement afin de répondre aux besoins des utilisateurs pour qui il n'est pas rentable de développer par eux-mêmes des méthodes d'interprétation.

Compte tenu de la finesse de l'information que nous pouvons acquérir à partir des **capteurs**, il convient d'affirmer que les détails contenus dans une **image** deviennent de plus en plus comparables en quantité et en qualité visuelle à ceux que l'on retrouve sur les photographies aériennes. L'auteur rappelle lui aussi l'importance du niveau de connaissance préalablement requis en fonction du ou des thèmes étudiés et analysés afin de pouvoir rendre un produit d'interprétation fiable. Enfin, il souligne le manque de structure et de critères précis dans le processus d'interprétation.

## 5.4.3. La validation des résultats : la réalité de terrain

Le terme validation peut être défini au sens large comme étant un processus qui permet d'estimer, à partir de moyens indépendants à ceux utilisés, la qualité des résultats obtenus à l'aide d'une méthode rigoureuse et de techniques pertinentes.

> *Le principe de base de la validation est de comparer le produit avec une base d'information provenant d'autres sources. En effet, avant un processus de prise de décision éclairée, les produits à valeur ajoutée, ou produits dérivés, doivent être validés en les confrontant avec des réalités de terrain fiables.*

Ces **réalités de terrain** peuvent provenir directement d'observations et de mesures sur le terrain, de plates-formes aériennes, de bases de données cartographiques, d'expérimentations en laboratoire, de données statistiques ou de modèles. Compte tenu des **résolutions** spatiale, spectrale, radiométrique et temporelle des **capteurs**, il faut s'assurer que l'information utilisée pour fin de validation est comparable avec celle acquise par télédétection. En réalité, ce n'est pas toujours le cas, surtout lorsque nous cherchons à valider des mesures physiques. En effet, des erreurs peuvent se glisser à cause des méthodes d'échantillonnage sur le terrain ou de la stabilité dans la calibration des instruments. Il n'est pas facile de mesurer des valeurs de **luminance** au sol qui soient représentatives d'un **pixel** sur l'**image**. Plus le **pixel** représente une grande superficie sur le terrain, plus la marge d'erreur est potentiellement grande, tant au plan radiométrique que géométrique. Il faut aussi tenir compte des effets de la colonne atmosphérique entre le **capteur** et la cible. Bien que plusieurs modèles performants existent (6S, M5S, Tanré *et al.*. [67] ou Teillet et Santer [70], LOWTRAN 7, Kneizys *et al.* [34], MODTRAN 2, Berk *et al.* [8], MODTRAN 3, Anderson *et al.* [3]), on doit se fier à la représentativité des modèles atmosphériques proposés. Nous pouvons aussi utiliser les données d'une colonne atmosphérique provenant de ballons-sondes lancés au moment du passage de la **plate-forme**. Il faut cependant s'assurer que la structure et la composition horizontale de la colonne soient homogènes pour tout le territoire étudié.

Les utilisateurs souhaitent avoir en main des données fiables. Dans une perspective de mesures physiques, Teillet *et al.* [69] retiennent les considérations qui suivent pour ce qui est de la validation :

– en fonction de la calibration des capteurs, la plupart des utilisateurs veulent des données directement applicables qui proviennent d'instruments dont la stabilité radiométrique et la simplicité de compréhension sont suffisamment correctes pour qu'ils perçoivent une certaine transparence par rapport à ce problème ;

– les caractéristiques spectrales des capteurs devraient être suffisamment apprises et comprises pour pouvoir générer des produits géophysiques ou biophysiques à partir de différents systèmes de mesure (lire **plate-forme**) ;

– la pertinence des **corrections atmosphériques** dépend d'abord de la disponibilité (dans une visée d'application) des paramètres atmosphériques nécessaires pour faire fonctionner les modèles ; elle doit aussi être déterminée en fonction du rapport coût/efficacité des modèles utilisés ;

– une intégration de qualité des données physiques (notamment la **réflectance ou luminance**) à une base de données **multisources** doit prendre en compte les effets géométriques sur la radiométrie.

De façon plus générale, une étude de marché mentionnée dans Sweet *et al.* [66] révèle que, pour l'étalonnage et la validation, la valeur de l'information extraite, notamment des données de télédétection, est limitée par les facteurs suivants :

- les **corrections géométriques, atmosphériques** et celles liées à certains types de **réflectance** ;
- les problèmes de contrôle de qualité en ce qui concerne la calibration, le processus d'interprétation, la validation avec des données collatérales et le suivi du traitement ;
- le peu de développement (ou d'intérêt) dans la standardisation des formats, des médias, des systèmes de traitement et des applications ;
- le manque de flexibilité dans les techniques automatiques d'interprétation (notamment en fonction de l'échelle de travail) ;
- les problèmes d'intégration avec les SIG à cause de l'hétérogénéité tant des formats, des propriétés radiométriques et géométriques, de la régularité d'acquisition à l'**échelle** temporelle, de la **résolution** spatiale ainsi que du manque de données numériques provenant des données de terrain.

Bien que l'on reconnaisse que les problèmes ci-haut mentionnés constituent parfois un défi de taille, il demeure essentiel de poursuivre la recherche en matière de validation et d'application des données de télédétection.

# Chapitre 6
# Conclusion : vision critique de l'outil et perspectives d'avenir

> *Un problème sans solution est*
> *un problème mal posé*
>
> **Albert Einstein**

Depuis plus de 30 ans, la télédétection nous a éblouis. Nous avons été les témoins attentifs d'une évolution technologique voire, d'une révolution technologique, qui aura permis de saisir la Terre d'abord dans son ensemble et, graduellement, de la découvrir d'une façon de plus en plus intime. Cette évolution aura eu aussi comme conséquence que la détection, sans contact physique avec l'objet terrestre, a ses limites. Dans la plupart des cas, nous ne captons que l'information à sa surface, c'est-à-dire, ses caractéristiques épidermiques. Elles peuvent être cependant une manifestation de ce qui se passe sous la surface. Les **fenêtres spectrales** telles que l'infrarouge thermique et les hyperfréquences nous permettent de l'affirmer. Selon Drury [23] seules l'atmosphère et, dans une moindre mesure, l'eau (jusqu'à une certaine profondeur) laissent transparaître les caractéristiques d'objets solides. La télédétection cependant est devenue un outil utilisé quotidiennement en météorologie et en climatologie. Elle s'implante aussi actuellement d'une façon permanente dans les recherches océanographiques.

Nous avons senti, qu'en fonction de son raffinement technique, la télédétection a encore besoin de **données auxiliaires**. En effet, elle est rendue au point où l'on peut détecter des objets ou des **arrangements** d'objets tellement complexes (lire avec beaucoup de détails) que la télédétection à elle seule ne peut toujours suffire à la tâche. C'est là que son intégration dans les **systèmes d'information géographique** prend tout son sens.

Il faut enfin souligner que nous avons assisté à un chambardement majeur dans le domaine de la confidentialité des informations sur un territoire. Les changements politiques, liés à l'évolution technologique des capteurs, font en sorte qu'il est aujourd'hui possible de voir un paysage et ses composantes avec un niveau d'intimité qui, jusqu'à ces dernières années, n'était accessible qu'à des militaires.

## 6.1. Sur les possibilités de la télédétection

> *La sagesse des auteurs tels Lillesand et Kiefer [39] ainsi que notre propre expérience nous incitent à poser les prémisses suivantes quant aux possibilités de la télédétection :*
>
> *1) une connaissance intime du phénomène à observer ;*
> *2) un énoncé clair du problème qu'il faut résoudre ;*
> *3) une évaluation du potentiel des techniques de télédétection à résoudre, en tout ou en partie, le problème énoncé ;*
> *4) une connaissances du type de données à acquérir qui sont appropriées au problème posé ;*
> *5) une intégration de sources de données multiples qui sont interreliées entre elles au niveau de la source et des procédures d'analyse ;*
> *6) un choix judicieux des approches visant à une interprétation fiable des données acquises ;*
> *7) un choix de critères visant à évaluer la qualité des informations acquises et extraites.*

Les possibilités en télédétection sont grandement augmentées lorsque nous établissons la base d'information sur des approches **multibandes**, multi temporelles, multi spatiales (ou multi-**échell**e). Dans cette perspective, les observations au sol sont un facteur déterminant pour la validation des résultats. Dans ce nouveau courant de données multi sources, la télédétection ne doit plus être considérée comme une fin en soi, mais comme un moyen parmi d'autres servant à obtenir de l'information utile.

Selon Girard et Girard [30], nous pouvons faire appel à la télédétection pour les sept fonctions suivantes :

### 1) La justification
La télédétection peut être utilisée afin de confirmer des informations que l'on connaît déjà. Par sa nouvelle vision, elle a comme avantage d'apporter parfois une nouvelle perception de l'objet ou du thème, offrant ainsi comme possibilité d'émettre de nouvelles hypothèses ou de nouveaux concepts. Nous pouvons citer en exemple un début d'activité volcanique à partir de la thermographie infrarouge.

## 2) L'identification

La télédétection peut être utilisée afin d'identifier un objet, connu de l'analyste, à partir de ses diverses caractéristiques spectrales et spatiales. Cette fonction est souvent déterminée par le moment de prise d'information et la **fenêtre spectrale** employée. L'exemple des coupes forestières identifiées en août à l'aide de la bande rouge d'un capteur est très révélateur en ce sens.

## 3) La répétition

La télédétection peut être utilisée afin d'identifier un objet ou un événement dont les caractéristiques spectrales varient dans le temps. On en arrive à qualifier cet objet à partir de son comportement spectral. L'identification de champs de maïs à l'aide de la fenêtre du proche infrarouge sur différents moments de l'année constitue un bon exemple d'identification par répétition.

## 4) La détermination

La télédétection peut être utilisée, en conjonction avec des **données auxiliaires**, afin d'identifier des objets, des thèmes ou des événements dans un espace donné. C'est l'approche préconisée pour la mise en place d'un **système d'information géographique**. À titre d'exemple, une **image** de télédétection, jumelée à des cartes de précipitations, de pentes et de type de dépôts meubles peut identifier des aires à fort potentiel d'érosion.

## 5) L'interprétation

La télédétection peut être utilisée afin de caractériser un ensemble d'objets, non directement décelables par télédétection, par leur géométrie, leur comportement spectral dans le temps et dans l'espace ainsi que par leur organisation spatiale. La reconnaissance d'une région rurale agricole en est un exemple. Il en est ainsi pour tous les modes d'occupation du sol.

## 6) L'extrapolation

La télédétection peut être utilisée afin de généraliser sur une grande surface un modèle d'identification, de détermination ou d'interprétation réalisé à partir d'une zone de faible dimension. C'est le cas d'une classification dirigée pour toute une région en se fiant sur des sites d'entraînement représentatifs de divers thèmes d'occupation du sol.

## 7) L'unification

La télédétection peut être utilisée en conjonction avec des **données auxiliaires** pour réaliser des cartes thématiques à des échelles déterminées par les besoins de l'utilisateur et la limite de la **résolution** spatiale, spectrale, radiométrique et temporelle du ou des capteurs utilisés. Cette étape peut contenir les fonctions préalablement énoncées allant de la justification à l'extrapolation. L'exemple le plus probant reste encore une carte d'occupation des sols qui aura été validée avec des informations tirées de secteurs homogènes et représentatifs des divers thèmes retenus.

L'acquisition d'information par satellite à toutes les **échelles**, et ce pour toutes les parties du globe, deviendra réalité en l'an 2000. Ce sera possible pour un territoire variant de quelques kilomètres carrés de superficie jusqu'à toute la surface du globe. Ceci pourra être fait à partir de **résolutions** de plus en plus fines et donc, de plus en plus spécialisées. Actuellement, nous sommes très près de cette possibilité grâce aux **images** du satellite russe SPIN-2. La récente commercialisation de ce produit permet aux utilisateurs d'obtenir des **images** en mode **panchromatique** avec une résolution **spatiale** de 2 m. À moins de défaillance technique majeure, l'année 1999 sera le théâtre du lancement de satellites ayant des capteurs dont la **résolution** spatiale sera de 1 m en mode **panchromatique** et de 3 m en mode **multibande**.

La fin de ce siècle nous amène aussi à la télédétection « à la carte ». Il est maintenant possible de commander des **images** satellitales avec des options de plus en plus raffinées. En effet, nous pouvons acquérir des **images** avec des angles de prise de vue ainsi que des **résolutions** spatiales, spectrales et temporelles différents, sans compter sur des types de pré-traitement radiométriques et géométriques fort diversifiés. Les utilisateurs auront plus de choix pour les **plates-formes**. Rappelons que plus d'une trentaine de satellites seront opérationnels au début du prochain siècle. Notons qu'il sera toujours possible de se procurer des données satellitales pour un territoire sous plusieurs **bandes spectrales** à la fois. Les systèmes SPOT et Landsat, par exemple, continueront de fournir ce genre de base d'information.

## 2. Sur les limites de la télédétection

Bien que nous soyons en mesure d'obtenir des informations de plus en plus sophistiquées et de plus en plus précises, il n'en demeure pas moins que la télédétection fait face à des limites difficiles à surmonter. Elles sont d'ordres naturel, temporel, technique, économique et d'interprétation.

### 1) L'élément naturel

Encore aujourd'hui, la majorité des données acquises par télédétection le sont dans les **fenêtres spectrales** du visible et du proche infrarouge, bien que nous assistons à une percée intéressante dans le domaine des hyperfréquences actives par l'intermédiaire du **radar**. Les contraintes sont associées aux conditions climatiques locales qui prévalent au moment de la prise d'information. Il y a des cas chroniques comme la zone équatoriale amazonienne. Là, l'information ne peut être acquise de façon utile que par la technique du **radar**. Nous verrons plus loin que ce mode de saisie a aussi ses limites. Pour d'autres secteurs tels que les zones climatiques de type continental, tempéré (chaud ou froid), cette contrainte s'accentue en fonction de la fréquence temporelle de l'acquisition.

Nous avons expérimenté ce problème lors de la recherche d'information thermique, au printemps, pour la région froide, tempérée et humide qu'est le Québec. Sur une base de données acquises durant une période de sept ans, une seule **image** répondait à notre critère principal : une absence de nuages !

### 2) L'élément temporel

Sur une base diurne, les limites sont évidentes. Les modes orbitaux ascendants et descendants de certaines **plates-formes** font en sorte que le moment de prise d'information est fixe dans le temps. L'exemple du satellite Landsat-5 est éloquent à ce propos : par exemple, le temps de passage est de 10h08 le jour et de 20h55 (heure locale) le soir au centre des Basses-terres du Saint-Laurent, au Québec. Ce temps de passage ne constitue pas le moment idéal pour acquérir des informations dans plusieurs cas. Ne citons que des recherches en terrain montagneux où l'effet d'ombrage peut parfois nuire, surtout si elle est prononcée comme c'est le cas au printemps et à l'automne dans les régions tempérées.

Dans un autre ordre d'idées, l'étude de la dynamique thermique des sols, dans une perspective d'évaluation de la teneur en eau, ne peut être réalisée à ces moments de la journée.

### 3) L'élément technique

L'impossibilité d'acquérir des informations sur les surfaces polaires à des **résolutions** spatiales et spectrales couramment utilisées constitue une contrainte de taille, surtout si l'on considère que ces surfaces terrestres deviennent de plus en plus les témoins de « l'état de santé » de notre environnement. Mises à part les récentes acquisitions par le satellite canadien Radarsat-I d'images couvrant les surfaces polaires, peu de **plates-formes** peuvent réaliser cet exploit.

Dans le cas où la calibration des données devient une nécessité, notamment pour les considérations à caractère purement physique telles que l'élaboration de **signatures spectrales** fines et représentatives, les **capteurs** ont aussi leurs limites. Elles sont reliées à leur stabilité radiométrique. Les transformations des **valeurs numériques** en valeurs de **luminance** donnent parfois des résultats discutables, ce qui implique qu'il faut toujours s'informer à la source sur la stabilité des détecteurs dans le temps. Les effets atmosphériques doivent aussi être corrigés. Il existe aussi des contraintes à ce niveau du fait qu'il n'est pas toujours possible de représenter la réalité par l'intermédiaire de modèles développés par les scientifiques et les informaticiens. Souvent, la précision souhaitée doit passer par un modèle qui utilise des données de ballon-sonde pour enregistrer l'information de la colonne située entre l'objet et le **capteur**. Or, ces données ne sont pas disponibles pour tous les points de la Terre et il faut souvent faire des extrapolations, ce qui engendre une incertitude quant à leur fiabilité.

Mentionnons aussi que, jusqu'à maintenant, aucune **plate-forme** ne peut offrir pour un moment donné, les informations d'un territoire dans toutes les **fenêtres spectrales** (ou, à tout le moins, dans les principales fenêtres) utilisées actuellement en télédétection et ce, avec une **résolution** spatiale intéressante. À tout bien considérer, ce ne sont pas nécessairement des raisons à caractère technique qui prédominent au sujet de cette limite. Peut-être sont-elles d'ordre de stratégie économique. L'exemple du satellite canadien Radarsat-I semble le montrer. D'une **plate-forme** polyvalente sur papier en matière de **résolution** spatiale et spectrale, elle est devenue, avec le temps, un satellite spécialisé dans l'acquisition des données dans les hyperfréquences actives, laissant ainsi de côté les **fenêtres spectrales** du visible et de l'infrarouge prévues dans le projet original.

Enfin, le problème d'emmagasinage des informations reste toujours présent. Les améliorations technologiques ne parviennent pas tout à fait à suivre le rythme. Déjà impressionnés du fait qu'une **image radar** «monospectrale» pouvait avoir une taille de près de 800 mégaoctets (dépendamment du format d'enregistrement), voilà que nous devons faire face aujourd'hui à une nouvelle échelle de grandeur: le teraoctet, c'est-à-dire l'échelle supérieure gigaoctet! Il va de soi que cette nouvelle dimension dans la taille des fichiers entraîne des réajustements à la baisse quant à la capacité à traiter ces données avec les ordinateurs actuellement disponibles. Seuls les mégasystèmes peuvent en venir à bout, ce qui n'est pas à la portée de toutes et de tous. Il faut donc, encore aujourd'hui, adapter notre manière de traiter les informations en fonction de la limite de nos outils de traitement.

**4) L'élément économique**

La télédétection n'est pas «à la portée de toutes les bourses» et elle nécessite des infrastructures parfois coûteuses en matière de logiciels et d'équipement, même si nous pouvons aujourd'hui traiter les informations à partir de microordinateurs. Les nouvelles bases de données actuellement disponibles sur le marché font en sorte qu'il en prendra plus de temps pour les traiter et donc, en conséquence, plus d'argent. Le coût d'acquisition des données pour des entreprises privées peut s'avérer parfois élevé. L'information contenue sur le tableau 6.1 est très éloquente à ce propos. Il est cependant difficile de comparer ces prix à ceux des **photographies** aériennes ayant une superficie équivalente à celles couvertes par les différents **capteurs**. La variation de l'accessibilité et du prix unitaire en fonction des pays, des régions couvertes fait en sorte qu'il en revient à l'utilisateur de faire cette comparaison.

De prime abord, nous constatons que, plus la **résolution** est fine, plus le prix est élevé. Il faut cependant noter que les données sont numériques et parfois **multibandes**, ce qui n'est pas le cas pour les **photographies** aériennes.

*Tableau 6.1.: Comparaison des prix au kilomètre carré pour différentes plates-formes disponibles au début de l'an 2000 (prix de 1998).*
*Sources: Space Imaging Corp., Radarsat International Inc., Aerial Images Inc.*

| Plate-forme et capteur | Couverture au nadir (en km2) | Résolution spatiale (en m) | Prix ($US)* | Prix/km2 ($US) |
|---|---|---|---|---|
| SPOT Pan | 3 600 | 10 | 2 000 | 0,55 |
| Landsat-5 TM | 31 450 | 30 | 3 700 | 0,12 |
| Landsat-7 TM | 31 450 | 30 | 600 | 0,02 |
| IRS1-C | 4 900 | 5 | 3 500 | 0,71 |
| IRS1-C | 529 | 5 | 1 260 | 2,38 |
| ERS-2 | 10 000 | 30 | 1 600 | 0,16 |
| Radarsat-I std. | 10 000 | 25 | 3 000 | 0,30 |
| Spin-2 | Variable | 2 | Variable | 30,00 |
| Ikonos Pan. | 121 | 1 | --- | 76,00 |
| Ikonos Multi. | 121 | 5 | --- | 76,00 |

*Notons que les prix sont pour des images sur lesquelles on a effectué des corrections systématiques. Certaines entreprises de distribution peuvent exiger un minimum d'achat en argent ou en superficie couverte.

## 5) L'élément interprétation

Aussi raffinés soient-ils, la technologie et les types de **résolutions** ne peuvent se substituer au cerveau humain pour la déduction et l'analyse organisationnelle et fonctionnelle des objets.

Nous constatons que la **résolution** spatiale voisinera bientôt celle de la **photographie** aérienne et que la télédétection dépasse cette dernière depuis longtemps en matière de **résolution** spectrale et temporelle. Cependant, la télédétection d'aujourd'hui et de demain aura à se confronter aux mêmes problèmes d'interprétation que ceux rencontrés avec les **photographies** aériennes. Nous ne sommes pas aptes actuellement à proposer des clés d'interprétation qui permettent de trouver ce que l'on cherche sur des images complexes (lire **multibandes** en fausse couleur). L'approche du cas par cas et de la comparaison avec le réel demeure la plus utilisée.

Tel que mentionné, les détecteurs **radar** viennent éliminer, à toute fin pratique, le problème d'acquisition sous toute condition climatique et ils assurent la couverture complète de la Terre. Cependant, cette technique suscite son lot de problèmes lors de l'interprétation de ce type d'image. Nous signalerons seulement son manque de clarté (sur les **images** brutes) causé par les effets de **chatoiement**, de repliement et de déversement.

## 3. Sur la nécessité des données auxiliaires

La finesse avec laquelle nous pouvons extraire des informations par la télédétection d'aujourd'hui entraîne forcément une complexification dans la définition visuelle des objets. Dans une forêt, il y a plus que des résineux et des feuillus ; nous pouvons distinguer certaines espèces. Dans la ville, on voit maintenant les maisons et l'organisation de la propriété tout autour. Les objets sont donc perceptibles avec beaucoup de détails et ce, dans des **longueurs d'onde** qui défient toutes nos perceptions visuelles naturelles. Nous avons besoin d'aide... elle passe d'abord par la **réalité de terrain**.

D'après Short [60], son rôle se précise de la façon suivante :

– corréler, à partir d'une perspective familière, des objets ainsi que leur localisation avec leur représentation sur les **images** satellitales ;

– fournir des données servant à la planification d'une mission ou d'un achat d'information acquise par télédétection ;

– réduire l'échantillonnage pour des fins d'exploration, de suivi et d'inventaires ;

– sélectionner des zones-tests pour des missions de support aérien ;

– identifier les classes déterminées par une classification non dirigée ;

– sélectionner et catégoriser les sites d'entraînement pour les classifications dirigées ;

– vérifier la qualité d'une classification à partir de techniques tant qualitatives que quantitatives ;

- collecter des échantillons d'objets captés par télédétection pour fin d'analyse en laboratoire ;
- acquérir des données auxiliaires intégrables dans un **système d'information géographique** ;
- développer des mesures-étalon pour la **signature spectrale** d'objets à partir de radiomètres portatifs ;
- effectuer des mesures spectrales et autres propriétés physiques d'objets avec les instruments appropriés afin de développer de nouveaux capteurs.

Les mesures sur le terrain peuvent être autant d'ordre physique (température de l'air, humidité relative, vent, **irradiance solaire**, valeur de **luminance**, teneur en eau des sols, niveau d'eau, épaisseur de la neige, niveau de sédimentation) que de l'ordre de l'occupation du sol (croissance de la végétation, types de couverture agricole et non agricole, identification des fonctions urbaines). Dans ce dernier cas, notons que ces informations peuvent être comparées à des pixels de l'**image** satellitale qui ne contiennent pas nécessairement une surface homogène.

C'est le phénomène du **pixel mixte**. Il devient alors plus difficile de comparer les valeurs de l'**image** avec celles observées sur le terrain du fait que la **résolution** est beaucoup plus fine et qu'il faut plusieurs observations spatialement consécutives pour couvrir l'équivalent de tout le **pixel mixte**.

Mentionnons enfin que les **données auxiliaires** doivent, en général, n'être considérées comme fiables qu'après vérification de leur qualité et de leur niveau de précision. C'est l'esprit du *garbage in...garbage out*.

## 6.4. Sur la télédétection : une source de données parmi d'autres

La technologie aidant, il est possible aujourd'hui d'appréhender et de comprendre l'organisation spatiale par l'intermédiaire d'un **système d'information géographique**. Comme la **photographie** aérienne à une certaine époque, la télédétection n'est plus seule. Les méthodes de détection, de traitement et de cartographie des informations acquises sur le terrain se sont aussi développées et apportent leur partie de savoir dans ce système.

> *Davis et Simonett [16] estiment que l'utilité réelle des données acquises par télédétection devient de plus en plus intimement liée au fait qu'elles puissent être associées avec d'autres informations spatiales. C'est dans cette perspective que la télédétection regagne de la popularité et devient une pièce maîtresse dans la perception du paysage.*

La complicité entre la télédétection et les SIG doit se développer. Ils peuvent former un puissant outil d'inventaire, d'investigation, d'analyse spatiale et de planification du territoire. Intuitivement, nous avons conclu dans cette partie que la télédétection venait en aide à l'analyse spatiale en l'intégrant dans un SIG. Le contraire peut aussi être vrai. En effet, des données acquises avec un tel système peuvent venir en aide à titre de **réalité de terrain** dans l'analyse d'**images** satellitales.

> *En somme, d'après Jensen [33], plusieurs scientifiques estiment que le plein potentiel de la télédétection et des SIG ne peut être atteint que lorsque les deux technologies sont intégrées. Elhers [26] parle de système intégré d'information géographique.*

Avant que l'information extraite à partir des données de télédétection ne puisse être intégrée dans un SIG, il faut qu'elle constitue un produit fini qui deviendra une couche d'information, au même titre qu'une carte thématique numérique. En fait, l'image matricielle qui en résulte doit être superposable en ce sens qu'elle est emmagasinée dans le même format (vectoriel ou parfois matriciel) et que la projection cartographique doit être la même. Cette double condition engendre parfois des transformations difficiles et coûteuses en temps. Une perte de précision peut en résulter. Au-delà de ces obstacles surmontables, la pertinence de ces données ne fait aujourd'hui plus de doute.

## 5. Le futur est à nos portes : vers une nouvelle révolution politico-technique

La venue du premier satellite d'observation de la Terre, au début des années 1970, aura provoqué une évolution, voire même une révolution dans l'acquisition, le traitement et l'analyse des données de la surface terrestre. Pour la première fois, il était possible d'enregistrer des informations à une finesse spatiale jusque là réservée aux militaires.

En effet, seules les données provenant des satellites météorologiques étaient disponibles.

Les pionniers de la télédétection satellitale travaillaient avec des bases de données (souvent analogiques) dont la **résolution** spatiale ne pouvait dépasser l'ordre du kilomètre. Avec l'arrivée du satellite américain ERTS-1 et, en parallèle, des nouvelles techniques et méthodes de traitement des **images**, les spécialistes de l'analyse et de la gestion du territoire devaient composer avec des données sous un nouveau format: des matrices numériques composées de pixels représentant la Terre avec une précision beaucoup plus grande. Ils pouvaient en effet voir les composantes de la surface avec une **résolution** spatiale de l'ordre de la dizaine de mètres (plus spécifiquement, 57 x 79 m). Ce changement majeur allait fortement perturber les approches dites conventionnelles sans toutefois les éliminer. L'utilisation de la **photographie** aérienne, de données de terrain et de documents écrits demeurait la voie privilégiée menant à une prise de décision en matière d'inventaire et de planification et ce, surtout à l'**échelle** locale. Pour l'**échelle** régionale, ces outils n'étaient plus seuls. La télédétection moderne prenait petit à petit une place importante dans l'analyse spatiale.

Avec la popularité grandissante des SIG, comme outil d'analyse et de gestion du territoire, la télédétection devenait une source d'information privilégiée à cause de sa flexibilité en matière de **résolutions** spatiale, radiométrique, spectrale et temporelle. En fait, l'utilisation de plus en plus grande des SIG, couplée à la mondialisation des préoccupations spatiales, aura contribué d'abord à un regain d'intérêt pour les données satellitales. Par la suite, une demande de plus en plus forte d'information fine aura contribué à bouleverser l'évolution technologique et l'accessibilité aux données dont certaines étaient, jusque là, classifiées comme étant secrètes. Les fortes pressions et des événements politiques inattendus auront fait en sorte que nous avons assisté à une nouvelle révolution dans la manière d'obtenir des données d'observation de la Terre.

Le début des années 1990 aura été marqué d'abord par des changements politiques majeurs dans les pays de l'Est et, plus particulièrement dans l'ex-URSS. En télédétection, il était maintenant possible d'obtenir des **images** provenant des satellites militaires soviétiques. Cette ouverture permettait aux spécialistes d'obtenir des images avec une **résolution** spatiale voisinant le mètre.

Du côté américain, nous avons été les témoins d'événements semblables : une accessibilité aux données de satellites militaires tels que les **plates-formes** Corona et Argon, ainsi qu'un transfert de technologie qui nous permettait d'espérer la conception et la construction de **capteurs** à hautes **résolutions** spatiale et spectrale. Ce dernier type est déjà réalité mais, nous devrons attendre le début du siècle prochain pour pouvoir obtenir des **images** satellitales avec une **résolution** à l'échelle du mètre.

Ces événements importants auront tôt fait de modifier les politiques concernant l'observation de la Terre. Aux États-Unis, en plus du rapatriement du programme Landsat du secteur privé au secteur public et de l'interdit de privatisation de la gestion des satellites météorologiques, ce changement se manifeste par de nouvelles politiques sur l'espace de la part du Gouvernement. Grâce aux nouvelles politiques tels le *National Space Policy* [47] et le *Land Remote Sensing Policy* [35], un pas important vers la « démocratisation » de la télédétection vient d'être franchi. Par l'intermédiaire de politiques et de législations, on reconnaît ainsi que la télédétection satellitale devient un outil essentiel pour l'amélioration des connaissances de la Terre dans une perspective de paix. On reconnaît aussi le droit des individus à une assurance sur la continuité de prise d'information par satellite en considérant des alternatives pour la suite de Landsat-7. On accorde aussi une plus grande facilité d'accès aux données acquises en maintenant un service d'archives sur toutes les **images** utilisables acquises et en ouvrant le marché de la télédétection à l'**échelle** internationale ce qui, par exemple, rend possible la vente d'**images** russes aux États-Unis, et vice versa. De plus, la politique des prix de vente des **images** de Landsat-7 fait en sorte que ces données seront accessibles à un plus grand nombre de personnes. En effet, une **images multibande** TM (7 bandes) sera disponible à un coût minimal de 475,00 $US, ce qui constitue une diminution drastique (si on le compare aux images de Landsat-5 qui peuvent coûter jusqu'à 4 000,00 $US). Cette politique fait en sorte que les entreprises privées, qui vendent et vendront des données qui s'apparentent à celles de Landsat-7, devront tôt ou tard proposer leur propre politique de prix qui devra être compétitive. Il semble donc que les utilisateurs ont de fortes chances de profiter de cette situation et, en conséquence, ils auront un plus grand choix pour l'acquisition des bases de données nécessaires à leurs projets.

Il demeure cependant que le domaine de la haute **résolution** spatiale appartient au secteur privé. À titre indicatif, des entreprises américaines telles que *SpaceImaging-Eosat Corp.* et *EarthWatch Inc.* planifient dans les prochaines années la mise en orbite de satellites à haute **résolution** spatiale. En effet, avec les **plates-formes** *Ikonos-1* et *Quick Bird,* on proposera avant la fin de ce siècle des **images** numériques à **résolution** spatiale très fine (moins de 1 m en mode panchromatique et environ 3 m en mode **multibande**). Du côté russe, des images à 2 m de **résolution** sont déjà disponibles avec le satellite *SPIN-2*. Les changements politiques font en sorte que ces données sont gérées par des agences russes qui ont maintenant des partenaires internationaux. À titre d'exemple, l'agence *SOVINFORMSPUTNIK* de Moscou s'associe avec un consortium américain (*Microsoft, Compaq, StorageWorks, United States Geological Survey-USGS,*) pour la vente et la distribution des données de *SPIN-2*. Cette association illustre aussi à quel point la technologie d'aujourd'hui nous permet d'avoir facilement accès à ces données. Il est d'ores et déjà possible d'obtenir, grâce à la firme *Microsoft* et du serveur *TerraServer*, des données directement par Internet. Leur base d'information numérique possède une dimension qui se situe à l'échelle du teraoctet ! Ce dernier exemple est indicateur de ce qui peut et pourrait se passer ailleurs dans les prochaines années. Plusieurs entreprises européennes et japonaises, par exemple, vont proposer des produits originaux et leur accessibilité sera probablement facilitée dans un temps relativement court. Il restera cependant des différences marquées entre les compagnies notamment aux niveaux du mode d'acquisition de l'information, de la largeur des **bandes spectrales** utilisées, de la manière d'enregistrer (6, 8, 10, 12, 16 et même 32 bits) et du format d'enregistrement. Cela pourra engendrer certaines difficultés lorsque nous souhaiterons intégrer différentes sources de données. Néanmoins, ces obstacles sont mineurs lorsqu'on les compare à l'énergie qu'il faut déployer afin de faire changer de mentalité les décideurs face aux technologies et aux méthodes utilisées pour la gestion et la surveillance du territoire. La résistance au changement constitue la principale difficulté à laquelle certains auront à faire face. C'est possiblement là notre plus grand défi.

La télédétection est captivante. Elle éblouit l'observateur visionnant ses premières **images**, elle impressionne le néophyte par ses couleurs irréelles et son point de vue unique sur le monde. Elle ne laisse personne indifférent. Au-delà des oh ! et des ah !, cet outil de perception du paysage et de ses composantes est devenu, avec le temps, une source d'information de plus en plus recherchée à cause de sa flexibilité spatio-temporelle et de son incursion au-delà du visible. Plusieurs pays l'ont compris et ils investissent des sommes considérables pour son développement. Après tout, qui n'a pas intérêt à surveiller son environnement, à rechercher des ressources naturelles, à évaluer la production agricole, à gérer et à contrôler la productivité des océans, à planifier le développement du territoire et l'occupation du sol, à veiller étroitement sur les conditions et les fluctuations du climat.

*« Que peut bien savoir un poisson de l'eau dans laquelle il nage. »*
**Albert Einstein.**

# RÉFÉRENCES

[1] Ahern, F., D. Goodenough, S. Jains, V. Rao et G. Rochon (1977) Use of Clear Lake as Standard Reflectors for Atmospheric Measurements. p. 731-755 in *Proceedings of the XIth International Symposium on Remote Sensing of Environnent, Ann Harbor, Michigan.*

[2] Anderson, J. M. et S. B. Wilson (1984) The Physical Basis of Current Infrared Remote Sensing Techniques and the Interpretation of Data from Aerial Surveys. Review Article. *International Journal of Remote Sensing,* vol. 5, no 1, p. 1-18.

[3] Anderson, J. P., J. Wong et J. H. Chetwynd (1995) MODTRAN3: An Update on Recent Validations Against Airborne High Resolution Interferometer Measurement. p. 5-8 in *Summaries of the Fifth Annual JPL Airborne Earth Science Workshop,* JPL Publication no 95-1, Vol. 1, Pasadena, CA.

[4] Bannari, A., D. Morin et D. C. He (1997) Caractérisation de l'environnement urbain à l'aide d'indices de végétation dérivés des données de haute résolution spatiale et spectrale. p. 47-64 in *Télédétection des milieux urbains et, périurbains,* Actes des Journées scientifiques de Liège, AUPELF/UREF Éd., Montréal

[5] Baudot, Y. (1997) L'influence de la résolution effective des données de télédétection sur les possibilités d'analyse des milieux urbains complexes. p. 3-13 in *Télédétection des milieux urbains et périurbains,* Actes des Journées scientifiques de Liège, AUPELF/UREF Éd., Montréal.

[6] Baudouin, Y. (1992) *Développement d'un système d'analyse d'images satellites pour la cartographie de l'occupation du sol en milieu urbain.* Thèse de doctorat, Département de géographie, Université de Montréal, Montréal, 265 p.

[7] Baudouin, Y., F. Cavayas et C. Marois (1995) Vers une nouvelle méthode d'inventaire et de mise à jour de l'occupation/utilisation du sol en milieu urbain. *Journal canadien de télédétection*, vol. 21, no 1, p. 28-42.

[8] Berk, A., L. S. Bernstein et D. C. Robertson (1989) *MODTRAN. A Moderate Resolution Model for LOWTRAN7*. Final Report, GL-TR-0122, AFGL, Hanscom AFB, Maryland, 42 p.

[9] Boisvert, J. B. (1993) *Modélisation du signal radar en milieu stratifié et évaluation des techniques de mesure de l'humidité des sols*. Thèse de doctorat, Département de géographie et télédétection, Université de Sherbrooke, 160 p.

[10] Bonn, F. (réd.) (1996) *Précis de télédétection, Volume 2, Applications thématiques*. PUQ/AUPELF, Sainte-Foy, 633 p.

[11] Bonn, F. et Rochon, G. (1992) *Précis de télédétection, Volume 1, Principes et méthodes*. PUQ/AUPELF, Sainte-Foy, 485 p.

[12] Callot, Y., C. Mering et A. Simonin (1994) Image-analysis and Cartography of Sand Hill Massifs on High Resolution Images : Application to the Great Western Erg (NW of Algerian Sahara). *International Journal of Remote Sensing*, vol. 15, no 18, p. 3799-3822.

[13] Caloz, R. (1992) *Télédétection satellitaire*. École polytechnique fédérale de Lausanne Éd., Département de génie rural, Institut d'aménagement des terres et des eaux/Hydrologie et aménagement, 136 p.

[14] CD ROM (1998) *Le suivi des désastres naturels par RADARSAT : l'inondation de la Rivière Rouge,1997/RADARSAT Monitors Natural Disasters : The Red River Flood of 1997*. Agence spatiale canadienne, Centre canadien de télédétection, Radarsat International Ottawa.

[15] Chaume, R. et J. Champaud (1992) *Croissance urbaine, environnement et imagerie satellitaire*. Convention CEE/ORSTOM 946/1990-24, Rapport d'étape, Montpellier, 192 p.

[16] Davis, F. W. et D. S. Simonett (1991) *GIS and Remote Sensing*. Chapitre 14 in Geographical Information Systems: volume I: Principles, p. 191-213, D. J. Maguire, M. F. Goodchild et W. Rhind Éd., New York, Longman Scientific & Technical.

[17] De Sève, D. (1995) *Élaboration d'une méthode d'identification de linéaments à l'aide de la télédétection: étude de l'astroblème de Charlevoix*. Mémoire de maîtrise, Département de géographie, Université du Québec à Montréal, 85 p.

[18] De Sève, D., R. Desjardins et T. Toutin (1994) Contribution des données radar d'ERS-1 dans l'appréhension de l'organisation des linéaments: le cas de l'astroblème de Charlevoix. *Journal canadien de télédétection*, vol. 20, no 3, p. 233-244.

[19] Desjardins, R. (1989) *Anomalies thermiques et drainage des terres agricoles*. Thèse de doctorat, Département de géographie, Université de Montréal, 242 p.

[20] Desjardins, R. et F. Cavayas (1991) Possibilités et limites des images satellites TM Landsat en matière d'occupation du sol: le cas de Montréal (Québec). *Cahiers de géographie du Québec*, vol. 35, no 94, p. 137-151.

[21] Desjardins, R., F. Bonn et J. Gray (1992) Photo-interprétation de pixels dans la bande TM 6 de Landsat à l'aide de données aéroportées. *Photo-interprétation*, no 1991/92-3 et 4, p.147-160.

[22] Donnay, J. P. (1997) Conclusion, p. 357-361 *Télédétection des milieux urbains et périurbains. Actes des Journées scientifiques de Liège,* AUPELF/UREF Éd., Montréal.

[23] Drury, S. A. (1990) *A Guide to Remote Sensing. Interpreting Images of the Earth*. Oxford Science Publications, Oxford University Press, Oxford, 199 p.

[24] Eastman, R. J. (1997) *IDRISI for Windows/User's guide*. Version 2.0, Clark Labs for Cartographic Technology and Geographic Analysis, Clark university, Worcester, Ma., 370 p.

[25] Eastman, R. J. (1992) *IDRISI/Technical Reference*. DOS, Version 4.0, Graduate School of Geography, Clark University, Worcester, Ma., 178 p.

[26] Elhers, M. (1990) Remote Sensing and Geographic Information Systems : Toward Integrated Spatial Information Processing. *IEEE Transactions on Geoscience and Remote Sensing*, no 28(4), p. 763-766.

[27] Estes, J. E., E. J. Hajic et L. R. Tinney (1983) *Fundamentals of Image Analysis: Analysis of Visible and Thermal Infrared Data*. Chapitre 24 du Manual of Remote Sensing, 2e édition, R. N. Colwell Ed., American Society of Photogrammetry, Falls Church, VA, 2440 p.

[28] Foulquier, P. (1961) *La connaissance*. Éditions de l'École, Paris, 500 p.

[29] Gagnon, H. (1974) *La photo aérienne. Son interprétation dans les études de l'environnement et de l'aménagement du territoire*. Les Éditions HRW, Montréal, 278 p.

[30] Girard, M. C. et C. M. Girard (1989) *Télédétection appliquée/Zones tempérées et intertropicales*. Masson Éd., Collection Sciences agronomiques., Paris, 260 p.

[31] Gregory, A. F. et H. D. Moore (1986) Thematic Mapping from Landsat and Collateral Data: a Review of One Company's Experience and Forecast of Future Potential. *Journal canadien de télédétection*, vol. 12, no 1, p. 55-63.

[32] Grenier, M., M. C. Mouchot, G. Létourneau et M. Melançon (1991) *Évaluation de la qualité des eaux du fleuve Saint-Laurent par télédétection aéroportée*. Centre Saint-Laurent, Conservation et protection, Environnement Canada, 36 p.

[33] Jensen, J. (1996) *Introductory Digital Image Processing : A Remote Sensing Perspective.* 2e édition, Prentice Hall Éd., Upper Saddle River, NJ, 316 p.

[34] Kneizys, F. X., E. P. Shettle, W. O. Gallery, J. H. Chetwynd jr, L. W. Abreu, J. E. A. Shelby, S. A. Clough et R. W. Fenn (1983) *Atmospheric Transmittance/Radiance : Computer Code LOWTRAN6.* AFGL, Optical Physics Division, Project 7670, #AFGL-TR-82-01-87, Hanscom AFB, 200 p.

[35] Land Remote Sensing Policy (1998) *Land Remote Sensing Act of 1992. United States Code Title 15, Chapitre 82 de la section I, Publication L. 102-555.* http ://geo.arc.nasa.gov/edstaff/landsat/15USC82.html

[36] Le Quéré, P., P. Maupin, R. Desjardins, M. C. Mouchot et B. Solaiman (1997) Change Detection from Remotely Sensed Multi-temporal Images Using Morphological Operators. 3 p. *Actes du symposium IGARSS'97,* Singapour.

[37] Lemieux, G. H., G. Vachon, M. Lebeuf, C. Brisson et Y. Tremblay (1994) *Évaluation et expérimentation des mesures de protection contre la dégradation des sols dans les bleuetières de la Sagamie.* Rapport final, Projet SE-18860572-040, Agriculture Canada, Laboratoire de télédétection, UQAC.

[38] Levine, M. D. (1985) *Vision in Man and Machine.* McGraw Hill Éd., New York, 574 p.

[39] Lillesand, T. M. et R. W. Kiefer (1994) *Remote Sensing and Image Interpretation.* 3e édition, John Wiley and Sons, Toronto, 750 p.

[40] Lopes, A., E. Nezry, R. Touzi et H. Laur (1993) Structure Detection and Statistical Adaptive Speckle Filtering in SAR Images. *International Journal of Remote Sensing,* vol. 14, no 9, p. 1735-1758.

[41] Lowman, P. D. (1969) *Apollo 9 Multispectral Photography-Geologic Analysis.* NASA, Goddard Space Flight Center, Rapport X-644-69-423, Greenbelt, Md.

[42] Markham, B. L. et J. L. Barker (1986) Landsat MSS and TM Post-calibration Dynamic Ranges, Exo-atmospheric Reflectances and At-satellite Temperatures. *Landsat Technical Notes*, no 1, EOSAT, p. 3-8.

[43] Maupin, P., B. Solaiman, M. C. Mouchot et R. Desjardins (1996) Mathematical Morphology, Urban Changes and Image-Oriented Geographic Information Systems. p. 1373-1375 in *Actes du symposium IGARSS'96*, Lincoln, Nebraska.

[44] McLuhan, M. (1971) *Pour comprendre les médias. Les prolongements technologiques de l'homme*. HMH Éd., Collection H, Montréal, 390 p.

[45] Meylan, P., C. Morzier et A. Muzy (1977) *Bases physiques de la télédétection. Application à l'hydrodynamique des sols*. École polytechnique fédérale de Lausanne, Institut de génie rural, 97 p. + annexes.

[46] Myers, V.I. (1983) *Remote Sensing Application in Agriculture*. Chapitre 33 in Manual of Remote Sensing, 2e édition, R. N. Colwell Éd., American Society of Photogrammetry, Falls Church, Va., p. 2111-2228.

[47] The White house, National Science and Technology Council (1998) *National Space Policy*, Directives présidentielles de 1996, Gouvernement des États-Unis. http://www2.whitehouse.gov/WH/EOP/OSTP/NSTC/html/PDD8.html

[48] Oke, T. R. (1978) *Boundary Layer and Climate*. Methuen Ed., London, 372 p.

[49] Potvin, P. (1998) *La géomatique en agriculture de précision*. Hauts-Monts Recherche inc. Ed, 46 p.

[50] Poupard, J. P. (1986) Libre réflexion sur la télédétection. *Bulletin de la S. F. P. T.,* no 104 (1986-4), p. 5-15.

[51] Ramade, F. (1991) Population. Cette bombe qui menace la planète. *GÉO*, no 152, p. 172-181.

[52] Renard, E. (1994) *Méthodologie appliquée : imagerie satellitaire et milieu urbain. Étude de Conakry, République de Guinée*. Mémoire de maîtrise, Université d'Aix-Marseille I, 147 p.

[53] Renard, E., Y. Baudouin et P. Pourouchottamin (1997) Cartographie des modes d'occupation du sol à Conakry (Guinée) par intégration de données multisources. p. 35-45 in *Télédétection des milieux urbains et périurbains*, Actes des Journées scientifiques de Liège, AUPELF/UREF Éd., Montréal.

[54] Robin, M. (1995) *La télédétection*. Nathan Ed., Collection Université/fac géographie, Paris, 318 p.

[55] Rouse jr, J. W., R. H. Haas, J. A. Shell, D. W. Deering et J. C. Harland (1974) *Monitoring the Vernal Advancement and Retroradiation (Greenwave Effect) of Natural Vegetation.* Report No RSC 1978-4, Remote Sensing Center Texas A&M University, College Station, TX.

[56] Ryerson, R. (1989) Image Interpretation Concerns of the 1990's and Lessons from the Past. *Photogrammetric Engineering and Remote Sensing*, vol. 55, no 10, p. 1427-1430.

[57] Sabins Jr, F. F. (1987*) Remote Sensing Principles and Interpretation.* 2ᵉ édition, Freeman Éd., New York, 449 p.

[58] Salas, G. P. (1975) Relationship of Minerals Resources to Linear Features in Mexico as Determinated from Landsat Data. *US Geological Survey Professional Paper 1015*, Woll, P. W. et W. A. Fisher Éd, p. 61-82.

[59] Schneider, D. J., W. I. Rose et L. Kelly (1995) Tracking of 1992 Eruption Clouds from Crater Peak Vent of Mount Spurr Volcano, Alaska, Using AVHRR. *US Geological Survey*, Bulletin 2139, p. 27-36.

[60] Short, N.M. (1998*) Remote Sensing and Image Interpretation & Analysis.* CODE 935 Goddard Space Fligth Center, NASA. http ://rst.gsfc.nasa.gov/

[61] Schott, J. R. et W. J. Volchok (1985) Thematic Mapper Thermal Infrared Calibration. *Photogrammetric Engineering and Remote Sensing*, vol. 51, no 9, p. 1351-1357.

[62] Service canadien des forêts/Centre de foresterie du Pacifique (1995) Vers l'interprétation automatique des images aériennes numériques et satellitaires de haute résolution spatiale (1 m/pixel). *Réseau sur l'aménagement du paysage* (réf : François A. Gougeon), Environnement Canada.

[63] Spelke, E. S. (1990) Principles of Object Perception. *Cognitive Science*, no 14, p. 29-36.

[64] Star, J. et Estes, J. (1990) *Geographic Information Systems. An Introduction*. Prentice Hall Ed, Englewood Cliffs, N.J., 303 p.

[65] STAR/IMSAT (1998) STAR/IMSAT : une station de réception d'images satellitales, Laboratoire de télédétection, Université du Québec à Chicoutimi, Québec http://www.callisto.si.usherb.ca/~reseautd/Journal /Numero_35/Organismes.html#UQAC

[66] Sweet, R. J. M., J. C. Elliot et J. R. Beasley (1992) Research Needs to Encourage the Growth of the Earth Observation Application Market. Remote Sensing: From Research to operation. p. 399-407, in *Proceedings of the 18th Annual Conference of the Remote Sensing Society*, P. A. Cracknell et R. A. Vaughan Ed., University of Dundee, UK.

[67] Tanré, D., E. Vermote, J. L. Deuze, M. Herman et J. J. Mocrette (1994) *Second Simulation of the Satellite Signal in the Solar Spectrum. Computer Code 6S*. Guide des utilisateurs, 182 p.

[68] Tanré, D., C. Deroo, P. Duhaut, M. Herman, J. J. Mocrette, J. Perbos et P. Y. Deschamps (1990) Description of a Computer Code to Simulate the Satellite Signal in the Solar Spectrum : the 5S Code. *International Journal of Remote Sensing*, vol. 11, no 4, p. 659-668.

[69] Teillet, P. M., D. N. H. Horler et N. T. O'Neill (1998) Étalonnage/validation et assurance de la qualité en télédétection: un nouveau paradigme. p. 3-12, in *Actes des Journées scientifiques de Sainte-Foy*, AS/AUPELF - UREF, Montréal.

[70] Teillet, P. M. et R. Santer (1991) Terrain Elevation and Sensor Altitude Dependance in a Semi-analytical Atmospheric Code. *Journal canadien de télédétection*, vol. 17, no 1, p. 36-44.

[71] Toutin, T. (1996) La correction géométrique rigoureuse: un mal nécessaire pour la santé de vos résultats. *Journal canadien de télédétection*, vol. 22, no 2, p. 184-189.

[72] Toutin, T. et Y. Carbonneau (1992) La création d'ortho-images avec un MNE: description d'un nouveau système. *Journal canadien de télédétection*, vol. 18, no 3, p. 136-141.

[73] Tucker, C. J. (1979) Red and Photographic Infrared Linear Combination for Monitoring Vegetation. *Remote Sensing of Environment*, no 8, p. 127-150.

[74] Ulaby, F. T., R. K. Moore et A. K. Fung (1982) *Microwave Remote Sensing Active and Passive*. Addison-Wesley Publishing Co, 3 volumes, 2162 p.

[75] Verger, F. (réd.) (1997) *Atlas de géographie de l'espace*. Belin Éd., Paris, 319 p.

[76] Wang, J. (1993) LINDA-A System for Automated Linear Feature Détection and Analysis. *Journal canadien de télédétection*, vol. 19, no 1, p. 9-21.

[77] Williams Jr, R. S. (1983) *Geological Applications*. Chapitre 31 in Manual of Remote Sensing, 2e édition, R. N. Colwell Ed., American Society of Photogrammetry, Falls Church, Va., p. 1667-1953.

# LEXIQUE

**Absorption**
Rétention momentanée par un corps d'une partie de l'énergie incidente (provenant la plupart du temps du Soleil). Avec le temps, elle est transformée en une autre forme d'énergie (généralement de la chaleur).

**Analyse en composantes principales**
Originant de l'analyse factorielle, l'analyse en composantes principales est une technique classique d'extraction d'information qui met en relief la radiométrie des images en fonction de sa variance. Les composantes principales sont graphiquement perpendiculaires les unes aux autres et elles sont une manifestation de la décorrélation entre les informations. Elle est souvent utilisée afin d'éliminer la redondance entre les informations et, en conséquence, elle est souvent considérée comme une technique de compression de données.

**Angle d'incidence**
Angle que fait un rayonnement incident avec la normale au point d'incidence.

**Angle de dépression**
Angle défini par le plan horizontal de la plate-forme et l'axe principal du faisceau radar.

**Angle de réflexion**
Angle que fait un rayonnement réfléchi avec la normale au point d'incidence d'un rayonnement incident.

**Angle de visée**
Angle formé par l'axe du cône d'analyse du détecteur et la verticale du point de visée au moment de l'enregistrement.

**Angle solaire**
Angle entre la position du Soleil à un moment donné et un plan horizontal terrestre.

**Arrangement**
Disposition d'ensemble que présente l'organisation d'objets.

**Bande spectrale**
Portion du spectre électromagnétique qui correspond à la sensibilité ou à la capacité qu'a un capteur à détecter de l'information utile.

**Bruit**
Signal qui tend à masquer l'information utile dans l'acquisition, la transmission et la réception des données.

**Caméra multibande**
Appareil qui capte le rayonnement des objets terrestres en fonction de fenêtres spectrales pré-déterminées et qui les retransmet sous forme visuellement détectable.

**Caméra numérique**
Appareil qui capte le rayonnement incident d'objets ou de groupes d'objets et qui les transforme en valeurs numériques.

**Caméra photographique**
Appareil qui capte le rayonnement incident d'objets ou de groupes d'objets et qui les enregistre sous forme analogique par procédé photochimique sur une pellicule sensible à la lumière.

**Caméra vidéo**
Appareil qui vise à enregistrer et à transmettre en temps réel, lorsque nécessaire, une prise d'information pour une bande spectrale donnée ou en mode multibande (couleur).

**Capteur**
Terme général qui désigne un appareil conçu pour enregistrer l'énergie émise ou réfléchie d'un objet ou d'une série d'objets. Il engendre un signal analogique ou numérique qui peut être emmagasiné sur une plate-forme ou transmis vers une station de réception terrestre. Dans ce dernier cas, il est parfois nécessaire d'utiliser un satellite de relais.

**Champ de visée instantané**
Valeur angulaire à partir du capteur entre les lignes qui sous-tendent la plus petite surface détectable dans un espace donné.

**Chatoiement**
Ensemble de différences radiométriques sur l'image qui engendre des teintes fluctuant drastiquement d'un pixel à l'autre. C'est un problème particulièrement présent sur les images radar.

**Colonne atmosphérique**
Espace atmosphérique tri-dimensionnel qui se localise entre la cible et le capteur. En physique, elle correspond à la luminance de parcours.

**Composé couleur**
Représentation en couleur d'un objet ou une série d'objets dont les informations numériques, provenant de fenêtres spectrales différentes, sont combinées ensemble grâce à des techniques connues tels le RVB ou l'ITS.

**Constante diélectrique**
Propriété d'un diélectrique d'affaiblir les forces manifestées par un champ électrostatique. La constante est une mesure de cet affaiblissement.

**Coordonnées**
Localisation d'un point dans l'espace en fonction d'un système de référence particulier.

**Correction atmosphérique**
Compensation mathématique de l'énergie émise ou réfléchie par les composantes de l'atmosphère dans le but de trouver la valeur de luminance vraie des objets terrestres.

**Correction géométrique**
Correction appliquée à une image afin qu'elle puisse être parfaitement superposable à une autre image ou tout autre document illustrant le même espace.

**Correction radiométrique**
Correction appliquée à une image afin que les valeurs de luminance qui s'y trouvent correspondent à la réalité du terrain.

## Développement durable

Le Principe 3 de la Déclaration de Rio explique bien le concept de développement durable : « Le droit au développement doit être réalisé de façon à satisfaire équitablement les besoins relatifs au développement et à l'environnement des générations présentes et futures ».

## Diffusion atmosphérique

Réflexion omnidirectionnelle du rayonnement solaire incident lorsqu'il entre en contact avec les composantes moléculaires et particulaires de l'atmosphère.

## Dilatation

Technique utilisée dans le cadre de la morphologie mathématique qui aide à identifier des formes à partir d'un élément structurant en amplifiant (ou épaississant) la forme originelle créée par un ensemble de pixels.

## Donnée auxiliaire

Toute information utile à une meilleure identification ou compréhension d'un objet, d'une série d'objets ou de phénomènes. Elle peut être sous forme de fichiers préalables aux images numériques sur un support informatique ou peut correspondre à une série d'informations analogiques ou numériques provenant d'autres sources que l'image utilisée (réalité de terrain, cartes, photographies aériennes, etc).

## Échelle

Rapport entre une distance sur un document et la distance réelle sur le terrain. Normalement, elle se présente sous forme graphique ou numérique.

## Émission

Production d'une quantité d'énergie par un objet en fonction de sa température et de ses propriétés radiatives.

## Énergie émise

Énergie rayonnée par un objet dans toutes les longueurs d'onde en fonction de sa température.

**Énergie réfléchie**

Portion de l'énergie incidente qui n'est pas absorbée, ni transmise par un objet. Elle « rebondit » en quelque sorte sur la surface de cet objet et est détectée par des capteurs équipés à cet effet.

**Énergie rétrodiffusée (rétrodiffusion)**

Portion de l'énergie qui, après avoir traversé un milieu dispersant, se diffuse en partie dans la direction de la source. Ce terme est souvent utilisé dans le domaine des hyperfréquences actives.

**Érosion**

Technique utilisée dans le cadre de la morphologie mathématique qui aide à identifier des formes à partir d'un élément structurant en atténuant (ou amincissant) la forme originelle créée par un ensemble de pixels.

**Fenêtre spectrale**

Portion du spectre électromagnétique dans laquelle la transmittance de l'atmosphère est optimale. Ceci permet à l'énergie solaire incidente d'atteindre les objets terrestres par l'intermédiaire de bandes ayant des longueurs d'onde définies en fonction des propriétés physico-chimiques des constituantes atmosphériques.

**Forme**

Ensemble des contours d'un objet résultant de la structure de ses parties.

**Géoréférencé**

Image redressée géométriquement dans le but de la superposer à des documents cartographiques numériques réalisés à partir d'un système de représentation de la Terre.

**Géosynchrone (ou géostationnaire)**

Se dit d'une plate-forme qui est apparemment toujours située au-dessus du même point terrestre. En somme, sa vitesse de rotation est identique à la vitesse angulaire de la rotation de la Terre. En pratique, elle se situe dans le plan de l'équateur à 36 000 km de la Terre.

**Héliosynchrone**
Se dit d'une plate-forme dont l'orbite lui permet de survoler un endroit donné toujours à la même heure, quelle que soit sa répétitivité.

**Image**
Représentation visuelle d'un objet ou d'une série d'objets dont la teinte, l'intensité et la saturation des couleurs dépendent de leur propriété intrinsèque. Le tout est structuré en fonction de règles naturelles ou anthropiques. L'image peut être numérique (matrice de chiffres) ou continue (photographie).

**Indice de végétation**
Valeur numérique obtenue par la combinaison (souvent un rapport) entre les réponses spectrales de la végétation dans les bandes du visible et de l'infrarouge.

**Irradiance solaire**
Exposition de la surface d'un objet ou d'une série d'objets à l'énergie solaire incidente.

**Lignage**
Bruit (interférence) provenant des capteurs. Il se manifeste par la présence d'une série de lignes horizontales ou verticales qui revient de façon régulière sur l'image.

**Lissage**
Opération statistique qui permet d'approximer ou d'estimer l'ensemble de données sans toutefois nuire à la perception des variations qui y sont inscrites.

**Longueur d'onde**
Distance entre deux oscillations d'un champ électrique ou magnétique.

**Luminance**
Valeur physique de l'intensité d'énergie émise ou réfléchie par un objet ou une série d'objets en fonction d'une direction donnée. Elle est souvent exprimée en watt par mètre carré par stéradian ($w.m^{-2}.sr^{-1}$).

**Luminance de parcours**
Quantité d'énergie émise ou réfléchie par la colonne atmosphérique enregistrable par des capteurs.

**Luminance hémisphérique**
Valeur physique de l'intensité d'énergie émise ou réfléchie par l'atmosphère dans toutes les directions.

**Modèle numérique d'altitude (MNA)/modèle numérique de terrain (MNT)**
Représentation numérique de la topographie d'un paysage dont la précision altimétrique varie en fonction de l'équidistance des courbes de niveau.

**Multibande**
Se dit d'un instrument (capteur) qui est capable de détecter simultanément les informations provenant de plusieurs fenêtres spectrales et ce, dans leurs canaux respectifs déterminés par la technologie utilisée.

**Panchromatique**
Mode d'acquisition qui est capable de détecter toutes les ondes sensibles à la lumière.

**Patron d'antenne**
Modèle selon lequel le faisceau d'énergie d'un émetteur/récepteur est distribué.

**Photographie**
Technique qui permet l'enregistrement en continu d'image par l'action d'une source lumineuse sur une surface sensible.

**Pixel**
Acronyme de *picture element*. Il s'agit de la plus petite surface discernable sur une image discrète.

**Pixel mixte**
Pixel contenant la sommation de réponses spectrales provenant d'objets différents.

**Plate-forme**
Support terrestre, aérien ou satellitaire qui peut contenir des capteurs ainsi que tous les instruments nécessaires à l'enregistrement de l'information.

**Polarisation**
Manière dont se distribuent les amplitudes des radiations dans le plan perpendiculaire à leur direction de propagation. Dans le domaine des hyperfréquences

actives, elle peut être parallèle : HH (horizontal-horizontal), VV (vertical-vertical), ou croisée : HV (horizontal-vertical) et VH (vertical-horizontal) à cause du trajet aller-retour.

## Profondeur de pénétration

Capacité qu'a un rayonnement électromagnétique à pénétrer un objet ou une série d'objets avant d'être complètement absorbé.

## Radar

Acronyme provenant de *Radio Detecting And Ranging*. Il désigne un appareil qui émet de brèves impulsions et qui reçoit leur écho entre deux émissions.

## Radiomètre imageur

Instrument qui permet d'enregistrer l'énergie incidente provenant d'un objet ou d'une série d'objets et de la transformer en image.

## Rayonnement électromagnétique

Énergie sous forme d'ondes de longueur plus ou moins grande lesquelles, au contact avec un objet ou une série d'objets, permettent de les caractériser et de les distinguer entre eux.

## Réalité de terrain

Information provenant du terrain ou de documents illustrant différentes caractéristiques de ce terrain (cartes, photographies aériennes). Elle peut aider à confirmer ou à infirmer la définition d'un objet ou d'une série d'objets, et à faciliter l'analyse spatiale du territoire contenu dans l'image satellitale étudiée.

## Réflectance

Rapport entre l'énergie réfléchie sur un objet ou une série d'objets par rapport à l'énergie incidente.

## Réflexion

Lorsque le rayonnement électromagnétique incident entre en contact avec un objet ou une série d'objets, il est partiellement réfléchi. Cette réflexion peut être spéculaire c'est-à-dire à la normale du rayonnement incident ou diffuse, c'est-à-dire omnidirectionnelle.

### Réponse spectrale, réponse spectrale relative

Résultat de l'interaction entre le rayonnement incident et un objet, ou une série d'objets en fonction de la longueur d'onde, du rayonnement incident et de la cible. L'objet réfléchira ou émettra une réponse qui lui est propre. La réponse spectrale relative d'un capteur correspond à la quantité d'énergie enregistrée par rapport à l'énergie totale disponible en fonction de la longueur d'onde.

### Résolution

Capacité qu'a un capteur à distinguer deux niveaux d'information. Elle peut être spectrale (longueurs d'onde), spatiale (éléments de surface), radiométrique (énergie) ou temporelle (temps).

### Roulis

Mouvement alternatif transversal d'une plate-forme.

### Rugosité de surface

Irrégularités morphologiques à la surface d'un objet ou d'une série d'objets qui déterminent le retour du signal. Ceci est particulièrement important dans le domaine des hyperfréquences actives.

### Satellite à défilement

Plate-forme dont la position est variable par rapport à un point de la Terre.

### Scanneur

Radiomètre équipé d'un système de balayage (souvent un miroir rotatif) qui permet d'enregistrer, en synchronisation avec la vitesse de la plate-forme, l'information terrestre ou planétaire dans le but d'obtenir une image.

### Signal

Énergie qui est émise sous forme de courant électrique et qui est reçue dans une station de captage afin d'être transformée en information numérique ou visuelle.

### Signature spatiale

Arrangement des caractéristiques d'un objet ou d'une série d'objets qui permet de les identifier.

**Signature spectrale**
Variations spectrales des propriétés d'un objet ou d'une série d'objets (réflexion, émission) qui sont déterminées par la nature de ces derniers. Elles sont théoriquement distinctes les unes des autres, au même titre que des empreintes digitales.

**Spectre électromagnétique**
Représentation graphique des longueurs d'onde du rayonnement électromagnétique que l'on trouve dans la nature.

**Station de réception au sol**
Installations terrestres, la plupart du temps fixes, qui permettent d'enregistrer et de transformer les informations envoyées par les plates-formes satellitales.

**Stéréoscopie**
Effet de vision tridimensionnelle engendré par l'observation binoculaire d'un objet ou d'une série d'objets vus sous deux angles de visée différents.

**Système à balayage optique et mécanique**
Ensemble d'instruments qui permet d'enregistrer de manière optique des informations terrestres à partir de balayeurs ayant un dispositif mécanique rotatif.

**Système à barrette de détecteurs**
Ensemble d'instruments qui permet d'enregistrer à l'aide de diodes photoélectriques, couplées à un système de lecture numérique, les informations émises ou réfléchies d'un objet ou d'une série d'objets.

**Système d'information géographique (SIG)**
Ensemble de méthodes et de techniques qui permet de traiter et d'analyser les informations à caractère géographique. En général, ces systèmes servent à la gestion, à la surveillance et à l'analyse spatiale d'un territoire et ce, de l'échelle locale à l'échelle planétaire.

**Tangage**
Mouvement alternatif longitudinal d'une plate-forme.

**Teinte**
Terme utilisé pour définir la tonalité chromatique d'un objet ou d'une série d'objets.

**Température apparente**
Température d'un objet ou d'une série d'objets qui est détectée par un capteur, sans tenir compte de l'influence d'effets externes tels que l'atmosphère, ou d'effets de surface comme l'émissivité.

**Texture**
Groupe de pixels connexes dotés des mêmes propriétés radiométriques qui, vu dans leur ensemble, suggère un motif original par rapport à leur entourage.

**Transmittance**
Rapport entre l'énergie transmise par un objet ou une série d'objets par rapport à l'énergie incidente.

**Valeurs numériques**
Valeur que prend un pixel en fonction de la quantité d'énergie (lumineuse ou autre) qu'il contient. L'étalement de ces valeurs se situe habituellement entre 8 et 16 bits.

**Visée nadirale**
Visée en direction du sol qui correspond à une ligne suivant la normale de celle d'une plate-forme parfaitement horizontale.

**Visible**
Tout type d'énergie qui peut être détecté par l'œil humain. Cette équipe correspond à celle située dans la bande spectrale 0,40-0,70 µm.